United Nations
Educational, Scientific and
Cultural Organization

Intangible
Cultural
Heritage

端午节

DUANWUJIE

争奇斗艳的世界非物质文化遗产（彩图版）

吉林出版集团有限责任公司 | 全国百佳图书出版单位

前　言

我国向联合国教科文组织申报并获准批复了30项世界非物质文化遗产。我们将其中的绝大部分非物质文化遗产收录，编排成16本《争奇斗艳的世界非物质文化遗产》系列丛书。具体内容我们将在这套丛书中做详尽的介绍。

端午亦称端五，是中国最大的传统节日之一。“端”的意思和“初”相同，称“端五”也就如称“初五”；端五的“五”字又与“午”相通，按地支顺序推算，五月正是“午”月。又因午时为“阳辰”，所以端五也叫“端阳”。五月五日，月、日都是五，故称重五，也称重午。

此外，端午还有许多别称，如：夏节、浴兰节、女儿节，天中节、地腊、诗人节等等。端午节的别称之多，间接说明了端午节俗起源的歧出。

端午节起源于中国，最初是中国人们以祛病防疫的节日，后来传说爱国诗人屈原在这一天死去，也同时成了中国汉族人民纪念屈原的传统节日，以围绕才华横溢、遗世独立的楚国大夫屈原而展开，传播至华夏各地，民俗文化共享，屈原之名人尽皆知，追怀华夏民族的高洁情怀。但部分地区也有纪念伍子胥、曹娥等说，且吴越之地以龙舟竞渡在此日举行部落图腾祭祀的习俗更是早于春秋很久。

屈原，战国末期楚国丹阳人，屈原虽忠事楚怀王，却屡遭排挤，怀王死后又因顷襄王听信谗言而被流放，最终投汨罗江而死。据说，屈原投汨罗江后，当地百姓闻讯马上划船捞救，一直行至洞庭湖，始终不见屈原的尸体。

俗说屈原投江以后，当地人民伤其死，便驾舟奋力营救，因有竞渡风俗；又说人们常放食品到水中致祭屈原，但多为蛟龙所食，后因屈原的提示才用楝树叶包饭，外缠彩丝，做成后来的粽子样。

自2008年开始，端午节在中国大陆地区也成为国家法定节假日之一，按规定放假一天。

2009年湖北省代表中华人民共和国向联合国教科文组织申报世界文化遗产的湖北秭归“屈原故里端午习俗”，黄石“西塞神舟会”赛龙舟，湖南“汨罗江畔端午习俗”，江苏苏州祭伍子胥的“苏州端午习俗”，就是中国大陆长江流域三个省份当地人民庆祝端午节时的习俗。

到现代，端午节作为一种传统文化，我们更多的是注重它本身的文化内涵。屈原、伍子胥的爱国，曹娥的孝道，无论哪一样，都是值得我们永久纪念，一直传承的。

端午节成为法定节假日，说明端午节开始慢慢转变为一种全民娱乐活动，这也是国家关注传统文化，传承历史精华的又一有力证明。

目 录 MULU

目录

目 录 MULU

第七章 端午文化的保护与重铸民族魂

第八章 留在唇齿间的端午节

端午节是中国传统节日之一

端午节又称端阳节

中国节日端午节为每年农历五月初五，又称端阳节、午日节、五月节等；端午节是中国汉族人民纪念屈原的传统节日，更有吃粽子，赛龙舟，挂菖蒲、蒿草、艾叶，薰苍术、白芷，喝雄黄酒的习俗。“端午节”为国家法定节假日之一，并被列入《世界非物质文化遗产名录》。

端午剪纸

端午节又称为端阳节，为每年的农历五月初五，在湖北、湖南、

端午剪纸

贵州、四川一带，端午节又分为大端午与小端午。小端午为每年农历五月初五，大端午为每年农历五月十五。

时至今日，端午节在中国人心中仍是一个十分隆重的节日。

国家非常重视非物质文化遗产的保护，2006年5月20日，该民俗经国务院批准列入第一批国家级非物质文化遗产名录。

2009年9月30日在阿联酋首都阿布扎比召开的联合国教科文组织保护非物质文化遗产政府间委员会会议决定：中国端午节成功入选《世界人类非物质文化遗产代表作名录》。

自2008年开始，端午节正式列入国家法定节日。在文化逐渐多元、信息日益丰富的今天，端午节等中国传统节日面临着不少挑战。这迫切需要人们与时俱进，既要保持传统，又要适应当今人们需要。

端午节的多种叫法

据统计端午节的名称在中国所有传统节日中叫法最多，达二十多个，堪称节日别名之最。

如有端五节、端阳节、重五节、重午节、天中节、夏节、五月节、菖节、蒲节、龙舟节、浴兰节、屈原日、午日节、女儿节、地腊节、诗人节、龙日、午日、灯节、五蛋节等等。

据《荆楚岁时记》载，因仲夏登高，顺阳在上，五月正是仲夏，它的第一个午日正是登高顺阳天气好的日子，故称五月初五为“端阳节”。

午，属十二支，农历五月为午月，五、午同音，五、五相重，故端午节又名“重午节”或“重五节”，有些地方也叫“五月节”。

古人认为，五月五日时，阳重人中天，故称这一天为“天中节”。

端午时值仲夏，是皮肤病多发季节，古人以兰草汤沐浴去污为俗。汉代《大戴礼》云：“午日以兰汤沐浴”。

古人端午吃粽时，有比较各人解下粽叶的长度、长者为胜的游戏，故又有“解粽节”之称。

明沈榜《宛署杂记》：“五月女儿节，系端午索，戴艾叶，五毒灵符。宛俗自五月初一至初五日，饰小闺女，尽态极研。出嫁女亦各归宁。因呼为女儿节。”

在湘南地区沿古俗，于在夏日来临之时的“五月初五”，在门上挂艾叶，用艾叶洗澡驱蚊的一个洗礼。人们认为经过洗礼，可以驱走疟疾，能够安全的渡过这个夏日多蚊的季节。

古人认为“重午”是犯禁忌的日子，此时五毒尽出，因此端午风俗多为驱邪避毒，如在门上悬挂菖蒲、艾叶等，故端午节也称“菖蒲节”。

端午节的由来

“端”字有“初始”的意思，因此“端五”就是“初五”。而按照历法五月正是“午”月，因此“端五”也就渐渐演变成了现在的“端午”。《燕京岁时记》记载：“初五为五月单五，盖端字之转音也。”

粽子

关于端午节的来历，归纳起来，大致有以下诸说：

传说端午节是为了纪念战国时代楚国诗人屈原，他在五月初五这天投汨罗江自尽殉国。屈平，字原，通常称为屈原，又自云名正则，号灵均，汉族，战国末期楚国丹阳（今湖北秭归）人，楚武王熊通之子屈瑕的后代。屈原虽忠事楚怀王，却屡遭排挤，怀王死后又因顷襄王听信谗言而被流放，最终投汨罗江而死。

屈原像

此说最早出自南朝梁代吴均《续齐谐记》和南朝宗懔《荆楚岁时记》。据说，屈原投汨罗江后，当地百姓闻讯马上划船捞救，一直行至洞庭湖，始终不见屈原的尸体。

那时，恰逢雨天，湖面上的小舟一起汇集在岸边的亭子旁。当人们得知是为了打捞贤臣屈大夫时，再次冒雨出动，争相划进茫茫的洞庭湖。

为了寄托哀思，人们荡舟江河之上，此后才逐渐发展成为龙舟竞赛。百姓们又怕江河里的鱼吃掉他的身体，就纷纷回家拿来米团投入江中，以免鱼虾糟蹋屈原的尸体，后来就成了吃粽子的习俗。

端午节吃粽子、赛龙舟与纪念屈原有关，有唐代文秀《端午》诗为证：“节分端午自谁言，万古传闻为屈原。堪笑楚江空渺渺，不能洗得直臣冤。”

有些说法则与吴国大夫伍子胥有关，而非屈原。

南朝萧梁时期宗懔所著的《荆楚岁时记》，是一部中国古代荆楚地区的岁时节令、风物故事的介绍文集。在该书里记载着：“按五月五日竞渡，俗为屈原投汨罗日，伤其死所，故并命舟楫以拯之……邯郸淳曹娥碑云，五月五日，时迎伍君……斯又东吴之俗，事在子胥，不关屈平也。”

认为东吴地区的端午竞渡是为了迎接已被当时人们视为河神的伍子胥，与屈原无关。关于粽子，则有当地的记载：“乡俗午日以粽奉伍大夫，非屈原也。”

春秋时吴国忠臣伍子胥含冤而死之后，化为涛神，世人哀而祭之，故有端午节。这则传说，在江浙一带流传很广。

伍子胥名员，楚国人，父兄均为楚王所杀，后来子胥投奔吴国，助吴伐楚，五战而入楚都郢城。

当时楚平王已死，子胥掘墓鞭尸三百，以报杀父兄之仇。

吴王阖闾死后，其孙夫差继位，吴军士气高昂，百战百胜，越国大败，越王勾践请和，夫差许之。子胥建议，应彻底消灭越国，夫差不听，吴国太守，受越国贿赂，谗言陷害子胥，夫差信之，赐子胥宝剑，子胥以此死。

子胥本为忠良，视死如归，在死前对邻舍人说：“我死后，将我的眼睛挖出悬挂在吴京之东门上，以看越国军队入城灭吴”，便自刎而死，夫差闻言大怒，令取子胥之尸体装在皮革里于五月五日投入大江，因此相传端午节亦为纪念伍子胥之日。

端午节两个最主要的活动吃粽子和竞渡，都与龙相关。粽子投入水里常被蛟龙所窃，而竞渡则用的是龙舟。

竞渡与古代吴越地方的关系尤深，况且吴越百姓还有断发文身

屈原故里

香囊

“以像龙子”的习俗。

古代五月初五日有用“五彩丝系臂”的民间风俗，这应当是“像龙子”的纹身习俗的遗迹。

在先秦时代，普遍认为五月是个毒月，五日是恶日，相传这天邪佞当道，五毒并出。据《礼记》载，端午源于周代的蓄兰沐浴。

《吕氏春秋》中《仲夏记》一章规定人们在五月要禁欲、斋戒。《夏小正》中记：“此日蓄药，以蠲除毒气。”

《大戴礼》中记，“五月五日蓄兰为沐浴”以浴驱邪，认为重五是死亡之日的传说也很多。《史记·孟尝君列传》中记，历史上有名的孟尝君，在五月五日出生。其父要其母不要生下他，认为“五月子者，长于户齐，将不利其父母”。

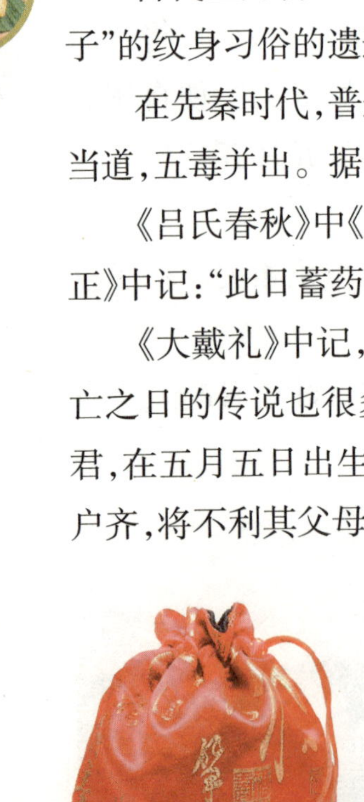

香包

《风俗通》佚文，“俗说五月五日生子，男害父，女害母”。《论衡》的作者王充也记述：“讳举正月、五月子；以正月、五月子杀父与母，不得举也。”

东晋大将王镇恶五月初五生，其祖父便给他取名为“镇恶”。

宋徽宗赵佶五月初五生，从小寄养在宫

外。可见，古代以五月初五为恶日，是普遍现象。可见从先秦以后，此日均为不吉之日。这样，在此日插菖蒲、艾叶以驱鬼，薰苍术、白芷和喝雄黄酒以避疫，就是顺理成章的事。并且人们还避"端五"忌讳，称之为"端午"。

持这一看法的刘德谦在《"端午"始源又一说》和《中国传统节日趣谈》中，这样谈到：权威性的岁时著作《荆楚岁时记》并未提到五月初五日要吃粽子的节日风俗，却把吃粽子写在夏至节中。

至于竞渡，隋代杜台卿所作的《玉烛宝典》把它划入夏至日的娱乐活动，可见不一定就是为了打捞投江的伟大诗人屈原。

端午节风俗中的一些内容，如"踏百草""斗百草""采杂药"等，实际上都与屈原无关。

《岁时风物华纪丽》对端午节的第一个解释是："日叶正阳，时当中即端午节正是夏季之中，故端午节又可称为天中节。"由此端午节的最早起源当系夏至。

而众多说法中，以纪念屈原说影响最为广泛。由于屈原的人格伟大，诗艺超群，人们也愿意把这一纪念日归之于他。

秋瑾字睿卿、竞雄，号鉴湖女侠，小字玉姑，浙江绍兴人，幼年擅长诗、词、歌、赋，并且喜欢骑马和击剑，有花木兰、秦良玉在世的称

外国人过端午

龙舟模型

号。28岁时参加革命，影响极大，在策划起义时为清兵所捕，至死不屈，于光绪三十三年六月五日在绍兴轩亭口英勇就义。

后人为敬仰她的诗，哀悼她的忠勇事迹，于是，与诗人节合并来纪念她，而诗人节又是因纪念爱国诗人屈原而定为端午节。

端午节的民俗活动

汉代时，阴阳观念盛行，在端午习俗出现了以五色丝和桃印为主的厌胜物。东汉应助《风俗通·佚文》："午日，以五彩丝系臂，避鬼及兵，令人不病瘟，一名长命缕，一名辟兵增"。故以五月五日朱索五色桃印为门户饰，以难止恶气"。五色丝缠绕在手臂上，用意是为了除瘟辟恶。后世因时代和地域的不同，朱索遂衍化出许多别称，但其形制、用途可以说是大同小异。桃印，可能是在桃木上作符印，挂在门口，以避除不祥。它一般长六寸、方三寸，刻上文字图符，绘成五色。

端午当天，也是人们互相馈送物品的日子。在重要的节日中，人们之间都会有所往来，这可以视作是一种对社会关系的维系。

一般百姓人家的来往很难见诸史书文献等，我们能够看到的主要是宫廷内皇帝与大臣之间的来往。例如，在《汉书》中就有记载说，章帝尝以午日赐百官水纹绞裤。

从恶日观念和上述这些记载中，我们可以看出，端午在中原地区最早是和夏至相结合的节日，这个节日的主要意义便是避恶。人们相信，这个时期的草药具有特别有效的功用，因此，这是一个重要的采药节日。

人们也非常重视在这一天采取一些其他方式来躲避灾害和疾病，使得自己和家室平安地度过这个节日，因此，节日活动主要有采兰沐浴、戴五色丝、用桃木板辟邪等方式。可以说，到汉代为止，端午的节期时间从午月午日逐渐向五月五日发展，与夏至这一节气并行，还并未成为取代夏至的重大的仲夏节日。

“避恶”逐渐成为端午的主要内涵，一些相关的避恶手段作为端午的主要活动事象渐见端倪。

赛龙舟，是端午节的主要习俗。相传起源于古时楚国人因舍不得贤臣屈原投江死去，许多人划船追赶拯救。他们争先恐后，追至洞庭湖时不见踪迹。之后每年五月五日划龙舟以纪念之。借划龙舟驱散江中之鱼，以免鱼吃掉屈原的身体。竞渡之习，盛行于吴、越、楚。

其实，“龙舟竞渡”早在战国时代就有了。在急鼓声中划刻成龙形的独木舟，做竞渡游戏，以娱神与乐人，是祭仪中半宗教性、半娱乐性的节目。

后来，赛龙舟除纪念屈原之外，在各地人们还付予了不同的寓意。

江浙地区划龙舟，兼有纪念当地出生的近代女民主革命家秋瑾的意义。夜龙船上，张灯结彩，来往穿梭，水上水下，情景动人，别具情趣。贵州苗族人民在农历五月二十五至二十八举行“龙船节”，以庆祝插秧胜利和预祝五谷丰登。

云南傣族同胞则在泼水节赛龙舟，纪念古代英雄岩红窝。不同民族、不同地区，划龙舟的传说有所不同。直到今天在南方的不少临江河湖海的地区，每年端午节都要举行富有自己特色的龙舟竞赛活动。

清乾隆二十九年（1736年），台湾开始举行龙舟竞渡。当时台湾知府蒋元君曾在台南市法华寺半月池主持友谊赛。现在台湾每年五月五日都举行龙舟竞赛。在香港,也举行竞渡。

此外,“划龙舟赛”也先后传入邻国日本、越南等及英国。1980年,赛龙舟被列入中国国家体育比赛项目,并每年举行“屈原杯”龙舟赛。1991年6月16日,即农历五月初五,在屈原的第二故乡中国湖南岳阳市,举行首届国际龙舟节。在竞渡前,举行了既保存传统仪式又注入新的现代因素的“龙头祭”。“龙头”被抬入屈子祠内,由运动员给龙头“上红”,即披红带后,主祭人宣读祭文,并为龙头“开光”即点睛。然后,参加祭龙的全体人员三鞠躬,龙头即被抬去汨罗江,奔向龙舟赛场。此次参加比赛、交易会和联欢活动的人数多达60余万,可谓盛况空前。尔后,湖南便定期举办国际龙舟节。赛龙舟将盛传于世。

端午节吃粽子,这是中国人民的又一传统习俗。

晋代,粽子被正式定为端午节食品。这时,包粽子的原料除糯米外,还添加中药益智仁,煮熟的粽子称“益智粽”。时人周处《岳阳风土记》记载:“俗以菰叶裹黍米,……煮之,合烂熟,于五月五日至夏至啖之,一名粽,一名黍。”南北朝时期,出现杂粽。米中掺杂禽兽肉、板栗、红枣、赤豆等,品种增多。粽子还用作交往的礼品。

到了唐代,粽子的用米,已“白莹如玉”,其形状出现锥形、菱形。日本文献中就记载有“大唐粽子”。宋朝时,已有“蜜饯粽”,即果品入粽。诗人苏东坡有“时于粽里见杨梅”的诗句。这时还出现用粽子堆成楼台亭阁、木车牛马作的广告,说明宋代吃粽子已很时尚。

艾草

元、明时期,粽子的包裹料已从菰叶变革为箬叶,后来又出现用芦苇叶包的粽子,附加料已出现豆沙、猪肉、松子仁、枣子、胡桃等等,品种更加丰富多彩。

一直到今天,每年五月初,中国百姓家

家都要浸糯米、洗粽叶、包粽子，其花色品种更为繁多。

从馅料看，北方多包小枣的北京枣粽；南方则有豆沙、鲜肉、火腿、蛋黄等多种馅料，其中以浙江嘉兴粽子为代表。吃粽子的风俗，千百年来，在中国盛行不衰，而且流传到朝鲜、日本及东南亚诸国。

挂艾草、菖蒲、榕枝

端午节在门口挂艾草、菖蒲或石榴、胡蒜，都有其他原因。通常将艾、榕、菖蒲用红纸绑成一束，然后插或悬在门上。

因为菖蒲天中五瑞之首，象征驱除不祥的宝剑，因为生长的季节和外形被视为感“百阴之气”，叶片呈剑型，插在门口可以避邪。

所以方士们称它为“水剑”，后来的风俗则引申为“蒲剑”，可以斩千邪。

清代顾铁卿在《清嘉录》中有一段记载“截蒲为剑，割蓬作鞭，副以桃梗蒜头，悬于床户，皆以却鬼”。而晋代《风土志》中则有“以艾为虎形，或剪彩为小虎，帖以艾叶，内人争相裁之。”以后更将菖蒲或作人形，或肖剑状，名为蒲剑，以驱邪却鬼。

艾草代表招百福，是一种可以治病的药草，插在门口，可使身体健康。在中国古代就一直是药用植物，针灸里面的灸法，就是用艾草作为主要成分，放在穴道上进行灼烧来治病。

有关艾草可以驱邪的传说已经流传很久，主要是它具备医药的功能，像宗懔的《荆楚岁时记》中记载曰“鸡未鸣时，采艾似人形者，揽而取之，收以灸病，甚验。是日采艾为人形，悬于户上，可禳毒气。”

躲端午，端午节习俗，指接新嫁或已嫁之女回家过节。简称“躲午”，亦称“躲端五”。

俗以五月、五月五日为恶月、恶日，诸事多需避忌，因有接女归家躲端午之俗。此俗宋代似已形成，陆游《丰岁》诗有“羊腔酒担争迎妇，遣鼓龙船共赛神”之句。

《嘉靖隆庆志》亦记云："已嫁之女召还过节"。《滦州志》："女之新嫁者，于是月俱迎以归，谓之'躲端午'"。

端午雨，民间岁时占验习俗。俗信端午节下雨，不吉；反之则吉。此种俗信在宋代即已存在。

陈元靓《岁时广记》引《提要录》云："五月五日哨，人曝药，岁无灾。"雨则鬼曝药，人多病。此闽中谚语。"

许月卿《次韵蜀人李施州芾端午》自注云："临川人谓端午日雨，鬼旺人灾。清赵怀玉诗亦引有"端阳无雨是丰年"的谚语。

龙舟竞渡与端午活动

龙舟一词，最早见于先秦古书《穆天子传》卷五："天子乘鸟舟、龙舟浮于大沼。"预《九歌·湘君》中"驾飞龙兮北征，邅吾道兮洞庭""石濑浅浅，飞龙兮翩翩"，学者们也认为"飞龙"即龙舟。

《湘君》即描写湘人驭驾龙舟，将玉佩沉入江中与抛粽子入江相仿，悼念某位历史人物之诗。这既与"魂舟"暗合，又与楚国《人物御龙帛画》之像暗合，可互为印证。

《荆楚岁时记》载："五月五日，谓之浴兰节。…… 是日，竞渡，竞采杂药。"此后，历代诗赋、笔记、志书等记载竞渡就数不胜数了。

屈原故里碑记

龙舟，与普通船只不太相同，大小不一，桡手人数不一。如广州黄埔、郊区一带龙船，长33米，桡手约80人。

南宁龙舟长20多米，每船约五六十人。湖南汨罗市龙舟则长16～22米，挠手24～48人。福建福州龙舟长18米，挠手32人。

龙船一般是狭长、细窄，船头饰龙头，船尾饰龙尾。龙头的颜色有红、黑、灰等色，均与龙灯之头相似，姿态不一。一般以木雕成，加以彩绘，也有用纸扎、纱扎的。龙尾多用整木雕，上刻鳞甲。

龙船竞渡前，先要请龙、祭神。如广东龙舟，在端午前要从水下起出，祭过在南海神庙中的南海神后，安上龙头、龙尾，再准备竞渡。并且买一对纸制小公鸡置龙船上，认为可保佑船平安，隐隐可与古代鸟舟相对应。

闽、台则往妈祖庙祭拜。有的直接在河边祭龙头，杀鸡滴血于龙头之上，如四川、贵州等个别地区。

而湖南汨罗市，竞渡前必先往屈子祠朝庙，将龙头供在祠中神翁祭拜，披红布于龙头上，再安龙头于船上竞渡，既拜龙神，又纪念屈原。而在湖北的屈原家乡秭归，也有祭拜屈原的仪式流传。

祭屈原之俗，在《隋书·地理志》中有记载："其迅楫齐驰，棹歌乱响，喧振水陆，观者如云。"

唐刘禹锡《竞渡曲》自注："竞渡始于武陵，及今举楫而相和之，其音咸呼云：'何在'，斯沼屈之义。"可见两湖地区，祭屈原与赛龙舟是紧密相关的。屈原、曹娥、伍子胥等逝去后，当地人民也曾魂舟送其灵魂归葬，故有此俗。

又如浙江地区，是以龙舟竞渡纪念曹娥。《后汉书·列女传》中记载，曹娥是投江死去的，民间则传说她下江寻找父亲尸首。

浙江地区多祭祀曹娥，《点石斋画报·虔祀曹娥》即描绘会稽地区人民祭祀曹娥的景象。

《清嘉录》中记吴地（江苏一带）竞渡，是源于纪念伍子胥，苏州因此有端午祭伍子胥之旧习，并于水上举行竞渡以示纪念。另外还有广西的纪念马援、福州的纪念阎王王审知等仪式。

各种祭祀、纪念之仪式，无非是点香烛，烧纸钱，供以鸡、米、肉、供果、粽子等。如今这些含有迷信色彩的仪式已很少见，但在过去，人们祭祀龙神庙时气氛很严肃，多祈求农业丰收、风调雨顺、去邪祟、攘灾异、事事如意，也保佑划船平安。用人们的话说，“图个吉利”，表达人们内心良好的愿望。

龙舟比赛

在正式竞渡开始时，气氛十分热烈。唐代诗人张建封的《竞渡歌》写道：“……两岸罗衣扑鼻香，银钗照日如霜刃。鼓声三下红旗开；两龙跃出浮水来。棹影斡波飞万剑，鼓声劈浪鸣千雷。鼓声渐急标将近，两龙望标且如瞬。坡上人呼霹雷惊，竿头彩挂虹霓晕。”

划龙舟还有其他一些活动。比如龙舟游乡，是在龙舟竞渡时划着龙舟到附近熟悉的村庄游玩、集会。

有时龙舟还有各种花样的划法，具有表演的含义。如广州的龙舟，挽手用桨叶插入水中，再往上挑，使水花飞溅；船头船尾的人则有节奏地顿足压船，使龙舟起伏如游龙戏水一般。浙江余杭县龙舟，有的是让人把龙尾踩低，使龙头高翘，船头的急浪便从龙嘴中喷吐出来，如龙吞云吐雨一般。

也有的是游船式竞渡。如《淮南子·本经训》“龙舟鹢首，浮吹以娱”，是划着龙船、摇船在水上奏乐、游玩。在《梦粱录》中记载南宋杭州“龙舟六只，戏于湖中”。湖上有龙舟，只是画舫游船的一部分。

唐、宋、元、明、清各代帝皇，均有临水边观看龙舟的娱乐，也属于游戏之类。《旧唐书》中记穆宗、敬宗，均有“观竞渡”之事。

《东京梦华录》卷七，记北宋皇帝于临水殿看金明池内龙舟竞渡之俗。其中有彩船、乐船、小船、画舱、小龙船、虎头船等供观赏、奏乐，还有长之四十丈的大龙船。除大龙船外，其他船列队布阵，争标竞渡，作为娱乐。

宋张择端《金明池夺标图》即描绘此景。又有明代皇帝，在中南海紫光阁观龙舟，看御射监勇士跑马射箭。清代则在圆明园的福海举行竞渡，乾隆、嘉庆帝等均前往观看。

在浙江武进，过去有夜龙舟，在四面挂起小灯以竞渡。四川五通桥从1982年起出现了夜龙舟，在舟上装电灯，配焰火，漂浮河灯，辉煌夺目。

浙江少数地方还于水上设浮焰，让张灯结彩的龙舟从焰中穿过。

又有旱龙舟，是在陆地上进行的模拟龙船比赛的活动。

如《南昌府志》载："五月五日为旱龙舟，令数下人舁之，传葩代鼓，填溢通衢，士女施钱祈福，竞以爆竹辟除不祥。"

浙江武义县，过去也有旱地推端午船之俗，也认为可除邪祟。另外广东的佛山、东莞、信宜都有旱地划龙舟之俗，实际上是一种舞蹈，但日期不一定在端午。

佛山秋季时的旱地龙舟最为壮观。又如《徽州府志》载："五月五日，迎神船逐疫，船用竹为之，袭画状似鳅，以十二人为神，载而游绪市。"另有把小型旱龙船给小儿做玩具的。

在划龙船时，又多有唱歌助兴的龙船歌流传。如湖北秭归划龙船时，有完整的唱腔，词曲根据当地民歌与号子融汇而成，唱歌声雄浑壮美，扣人心弦，即"举揖而相和之"之遗风。又如广东南雄县的龙船歌，是在四月龙船下水后唱到端午时止，表现内容十分广泛。

迷你知识卡

菖蒲

该物种为中国植物图谱数据库收录的有毒植物，其毒性为全株有毒，根茎毒性较大。口服多量时产生强烈的幻视。

第二章

丰富多彩的端午民俗文化

禳解、祛除及避五毒

端午在古人心目中是毒日、恶日，这种信仰被民间保留下来，所以才有种种求平安、禳解灾异的习俗。

其实，是由于夏季天气燥热，人易生病，瘟疫也易流行；加上蛇虫繁殖，易咬伤人，所以要十分小心，这才形成此习惯。

艾草

种种节俗，如采药，以雄黄酒洒墙壁门窗，饮蒲酒等，看似迷信，但又是有益于身体健康的卫生活动。端午实在可算是传统的医药卫生节，是人民群众与疾病、毒虫做斗争的节日。今天这些卫生习俗

饮蒲酒

仍然是值得发展，并应弘扬传承的。

采药。这是最古老的端午节俗之一。《夏小正》载："此日蓄药，以禳除毒气。"《岁时广记》卷二十二"采杂药"引《荆楚岁时记》佚文："五月五日，竞采杂药，可治百病。"

后魏《齐民要术·杂记》中，有五月捉蛤蟆的记载，亦是制药用。后来有不少地区均有端午捉蛤蟆之俗，如江苏于端午日收蛤蟆，刺取其沫，制作中药蟾酥；杭州人还给小孩子吃蛤蟆，说是可以消火清凉、夏无疮疖。还有在五日于蛤蟆口中塞墨锭，悬挂起来晾干，即成蛤蟆锭，涂于脓疮上可使消散。这种捉蛤蟆制药之俗，源于汉代"蟾蜍辟兵"之传说。

又如湖北监利于端午"采百草"，亦采药草之俗。采药是因端午前后草药茎叶成熟，药性好，才于此日形成此俗。

端午日洗浴兰汤是《大戴礼》记载的古俗。当时的兰不是现在的兰花，而是菊科的佩兰，有香气，可煎水沐浴。《九歌·云中君》亦有"浴兰汤会沐芳"之句。

《荆楚岁时记》："五月五日，谓之浴兰节。"《五杂俎》记明代人因为"兰汤不可得，则以午时取五色草拂而浴之"。

后来一般是用煎蒲、艾等香草洗澡。在广东，则用艾、蒲、凤仙、白玉兰等花草；在湖南、广西等地，则用柏叶、大风根、艾、蒲、桃叶等煮成药水洗浴。不论男女老幼，全家都洗，此俗至今尚存，据说可治皮肤病、去邪气。

饮蒲酒、雄黄、朱砂酒，以酒洒喷。《荆楚岁时记》："以菖蒲，多年生草本植物，生在水边，地下有淡红色根茎，叶子形状像剑，肉穗花

序。根茎可做香料，也可入药或镂或屑，以冷酒。”

蒲酒味芳香，有爽口之感，后来又在酒中加入雄黄、朱砂等。明谢肇淛《五杂咀》：“饮菖蒲酒也……而又以雄黄入酒饮之。”

明冯应京《月令广义》：“五日用朱砂酒，辟邪解毒，用酒染额胸手足心，无会虺，古书上说的一种毒蛇，蛇之患。又以洒墙壁门窗，以避毒虫。”此俗流传较广。

至今，如广西宾阳，逢端午时便有一包包的药料出售，包括雄黄、朱末、柏子，桃仁、蒲片、艾叶等，人们浸入酒后再用菖蒲、艾蓬蘸洒墙壁角落、门窗、床下等，再用酒涂小儿耳鼻、肚脐，以驱毒虫，求小儿平安。

另外有的地区还用雄黄酒末在小孩额上画“王”字，使小孩带有虎的印记，以用虎辟邪。这些活动，从卫生角度来看，还是有科学道理的。雄黄加水和酒洒于室内可消毒杀菌，饮蒲酒也颇有益。

采茶、制凉茶。北方一些地区，喜于端午采嫩树叶、野菜叶蒸晾，制成茶叶。广东潮州一带，人们去郊外山野采草药，熬凉茶喝。这对健康也有好处。

跳钟馗、斗草与射箭之戏

自晋代以来跳钟馗、闹钟馗、悬挂钟馗画，就是端午节和春节的重要内容。

最早的钟馗画，据说出自画圣吴道子之手。据北宋沈括《梦溪笔谈》记载：唐明皇患疾近一月，忽梦二鬼。小鬼窃得皇上玉笛及杨贵妃之紫香囊奔逃，大鬼乃捉小鬼刳其目，然后擘而啖之。大鬼道：“臣为钟馗，即武举不捷之士也，誓与陛下除天下之妖孽。”唐明皇醒后，即病愈，便召画工吴道子，嘱其按梦中情景画钟馗捉鬼图，道子挥笔即成，明皇见后，竟与所梦一模一样，惊叹不已。后来，钟馗画渐渐走入民间，绘制钟馗画大都作于五月端午节这一天，或者端午节的前后几天。

到了清代，江南苏、浙一带的居民大都在农历五月于大门或堂中挂钟馗图一月，以期驱邪除害、祛凶引福。

汉以前不见斗草之戏。《历代社会通俗事物考·尚秉和》起源无考，普遍认为与中医药学的产生有关。

远古先民艰苦求存，生活单调，暇余以斗虫、斗草、斗兽等为戏自娱，及至传说的“神农尝百草”形成中医药学后，每年端午节群出郊外采药，插艾门上，以解溽暑毒疫，衍成定俗；收获之余，往往举行比赛，以对仗形式互报花名、草名，多者为赢，兼具植物知识、文学知识之妙趣；儿童则以叶柄相勾，捏住相拽，断者为输，再换一叶相斗。

白居易《观儿戏》诗云：“弄尘或斗草，尽日乐嬉嬉。”

《物原》云：“始于汉武”。据梁朝人宗懔在《荆楚岁时记》中云：“五月五日，四民并踏百草，又有斗草之戏。”

《年华记丽》：“端午结庐蓄药，斗百草，缠五丝。”

南北朝时称“踏百草”，唐代称“斗草”或“斗百草”。

《刘宾客嘉话》云：“唐中宗朝，安乐公主五日斗百草。”宋代扩展至平日随时可斗。历代文人作品中对此多有描述。

插艾草

北京故宫博物院藏《群婴斗草图》，其玩法大抵如下：比赛双方先各自采摘具有一定韧性的草，然后相互交叉成“十”字状并各自用劲拉扯，以不断者为胜。

这种以人的拉力和草的受拉力的强弱来决定输赢的斗草，被称为“武斗”。

王建《宫词》，吟咏斗草游戏的情状：“水中芹叶土中花，拾得还将避众家，总待别人般数尽，袖中拈出郁金芽”。斗草除有“武斗”外，还有“文斗”。

所谓“文斗”，就是对花草名，《红楼梦》第六十二回中：宝玉生日那天，众姐妹们忙忙碌碌安席饮酒做诗。各屋的丫头也随主子取乐，薛蟠的妾香菱和几个丫头各采了些花草，斗草取乐。这个说，我有观音柳；那个说我有罗汉松。

端午有射箭之戏，《金史·礼志》：“金因辽俗，重五日插柳去地约数寸，削其皮而白之。先以一人驰马前导，后驰马以无羽横簇箭射之。既断柳，又以手接而弛去者为上。断而不能接去者次之。每射必发鼓以助其气。”至明代，是把鸟雀贮于葫芦中射之。

斗草

打马球，也是端午游戏之一。马球，是骑在马上，持棍打球，古称击鞠。三国曹植《名都篇》中有“连翩击鞠壤”之句。唐代长安，有宽大的球场，玄宗、敬宗等皇帝均喜马球。章怀太子墓中《马球图》，画出了唐代马球的兴盛：画上二十多匹骏马飞驰，马尾扎结起来，打球者头戴幞巾，足登长靴，手持球杖逐球相击。

此外，北京还有游天坛风俗。《帝京景物略》卷二：“五月五日之午前，群入天坛，日避毒也。过午后，走马坛之墙下。无江城系丝段角黍俗，而亦为角黍。无竞渡俗，亦竞游耍。”上海还有钟馗赛会，由一男子饰成钟馗，手挥宝剑，前举一纸糊蝙蝠，作“喝福来迟”状；跟随全副仪仗，穿行街市，以作驱祟。另外端午期间还有马戏、抢鸭等活动。

玫瑰饼和黄米小枣粽

一般人家只供类似桃酥式的“五毒饼”，初五晚间撤供；中等人家再放上小枣江米粽子和鲜果，一天一撤，以防腐烂。富贵人家是供玫瑰饼，以京西妙峰山当年产的玫瑰花制成的饼最为高贵。

用玫瑰花和蜂蜜拌匀做馅，制成饼，上火烙，名曰端午饽饽，分为酥皮、硬皮两种，是高档细点，价格很贵，大约每斤八块，每块的价格相当于二斤白面，一般人家是吃不起的。

五月节吃上玫瑰饼是非常吉利的事，一般人家是自己动手蒸玫瑰馅的馒头或甜卷，以应节日之俗。

北京地区的端午粽子是用苇叶包裹的黄米小枣粽子，以密云县产的小枣最有名。许多人家自己包粽子，用江米和黄米与小枣合在一起，叫二米粽子。

食品店里出售的粽子以南味为主，远郊农民推车进城卖的以黄米粽子为主。系粽子用马兰草，是北京特产。

黄米小枣粽子价格比江米粽子便宜，对于一般老百姓来讲，甭管黄米江米反正都是粽子，都是用叶子裹着的，只要吃上粽子，就算过上了五月节。

粽子也是一种节日礼品，有钱者可包入多种果料，钱少者也可以包无枣的清水粽，既是节令食品，也可以当正餐。

五彩粽子祈福增寿

五彩粽子是避邪物，其内壳是用硬纸叠成的，大小一般在2厘米左右，外面缠上五彩丝线，连成一串。街头有卖的，家中少妇少女也纷纷自己制作。

雄黄酒

除了五彩粽子以外，还有的巧手媳妇或姑娘，用绫罗制成小老虎，有的缝制成樱桃、桑葚、茄子、豆角、芹椒、梨、柿、桔……

把这些小型水果串起来，精致可爱。有立体的，有平面的，争奇斗胜。端午节这一天佩戴在身上，既显示自己的精巧工艺，又给节日增添祈福增寿的节日气象，还可以将此饰品赠给意中人，当作表示爱恋的情物。

端午节的饮食习俗

最早出现的端午时食，应属西汉的“枭羹”。

《史记》“武帝本纪”注引如淳言：“汉使东郡送枭，五月五日为枭羹以赐百官。以恶鸟，故食之。”大约因为枭不易捕捉，所以吃枭羹的习俗并没有持续下来。

端午的主角粽子，在稍晚的东汉就已出现。一直要到晋朝，粽子才成为端午的应节食品。

《风土记》:“五月五日,与夏至同,……先此二节一日,又以菰叶裹黏米,杂以粟,以淳浓灰汁煮之令熟。”

同时又有另一种端午节食,称为“龟”,也只在晋朝昙花一现,随即销声匿迹。只有《风土记》中称为“角黍”的粽子,因为附会在屈原的传说上,千百年来,成为最受人欢迎的端午节食。

“粽子香,香厨房。艾叶香,香满堂。桃枝插在大门上,出门一望麦儿黄。这儿端阳,那儿端阳,处处都端阳。”

这是旧时流行甚广的一首描写过端午节的民谣。总体上说,各地人民过端午节的习俗大同小异,而端午节吃粽子,古往今来,中国各地都一样。

如今的粽子更是多种多样,璀璨纷呈。现今各地的粽子,一般都用箬壳包糯米,但内含的花色则根据各地特产和风俗而定,著名的有桂圆粽、肉粽、水晶粽、莲蓉粽、蜜饯粽、板栗粽、辣粽、酸菜粽、火腿粽、咸蛋粽等等。

端午饮雄黄酒的习俗,从前在长江流域地区极为盛行。古语曾说“饮了雄黄酒,病魔都远走”。

美味的粽子

雄黄是一种矿物质,俗称“鸡冠石”,其主要成分是硫化砷,并含有汞,有毒。一般饮用的雄黄酒,只是在白酒或自酿的黄酒里加入微量雄黄而成,无纯饮的。

雄黄酒有杀菌驱虫解五毒的功效,中医还用来治皮肤病。在没有碘酒之类消毒剂的古代,用雄黄泡酒,可以祛毒解痒。未到喝酒年龄的小孩子,大人则给他们的额头、耳鼻、手足心等处涂抹上雄黄酒,意在消毒防病,虫豸不叮。

江浙一带有端午节吃“五黄”的习俗。五黄指黄瓜、黄鳝、黄鱼、咸鸭蛋黄、雄黄酒。此外浙北端午节还吃豆腐。

北京人喜欢葫芦，因为葫芦是“福禄”的谐音。

国画中的端午

红色毛边纸剪成葫芦，里面收进“五毒”图案，称为“葫芦花”，自农历四月末就有小贩在街上叫卖了。

葫芦花据说能辟“五毒”，五月一日贴出，五月五日午时摘下扔掉，称为“扔灾”。

除贴葫芦花外，还有贴以钟馗为题材“朱砂判儿”的，有贴黄表纸上写有咒语的“天师符”的，其目的均是为了驱邪辟毒。

北京忌端午节打井水，往往于节前预汲，据说是为了避井毒。市井小贩也于端午节兜售樱桃、桑葚，据说端午节吃了樱桃、桑葚，可全年不误食苍蝇。

各炉食铺出售“五毒饼”，即以五种毒虫花纹为饰的饼。

滦县已许聘的男女亲家于端午节互相馈赠礼品。

赵县端午，地方官府会至城南举行聚会，邀请城中士大夫宴饮赋诗，称为“踏柳”。

邹平县端午，每人早起均需饮酒一杯，传说可以避邪。日照端午给儿童缠七色线，一直要戴到节后第一次下雨才解下来扔在雨水里。

临清县端午，七岁以下的男孩带符和麦稭做的项链，女孩带石榴花，还要穿上母亲亲手做的黄布鞋，鞋面上用毛笔画上五种毒虫。意思是借着屈原的墨迹来杀死五种毒虫。

山西省解州端午，男女戴艾叶，称为“去疾”，幼童则系百索于脖子上，据说这是“为屈原缚蛟龙”。

隰州端午，各村祭龙王，并在田间挂纸。怀仁县端午又名“朱门”。定襄县端午，学生需致赠节礼给教师。潞安府以麦面蒸团，称为“白团”，与粽子一起拿来互相馈赠。

陕西省兴安州端午，地方官率领僚属观赏竞渡，称之“踏石”。兴平县端午以绫帛缝小角黍，下面再缝上一个小人偶，称为“耍娃娃”。同官县端午以蒲艾、纸牛贴门，称为“镇病”。

甘肃省静宁州端午摘玫瑰以蜜腌渍为饴。镇原县端午赠新婚夫妇香扇、罗绮、巾帕、艾虎。子弟并邀集父兄宴请师长，称为“享节”。漳县端午，牧童祀山神。积薪丘，在鸡鸣前焚烧，俗称“烧高山”。

江苏省嘉定县端午，不论贫富，必买石首鱼，俗称鳇鱼煮食。

仪征县也有“当裤子、买黄鱼”的俗谚。南京端午，各家皆以清水一盒，加入少许雄黄，鹅眼钱两枚，合家大小均用此水洗眼，称为“破火眼”，据说可保一年没有眼疾。武进有夜龙舟之戏，晚上在龙舟四面悬上小灯竞渡，且有箫鼓歌声相和。

高邮的端午较为特殊，有系百索子、贴五毒、贴符、放黄烟子、吃“十二红”等习俗，孩子兴挂“鸭蛋络子”，就是挑好看的鸭蛋装在彩线结成的络子中，挂在胸前。

四川省石柱石柱县位于重庆市东部。有“出端午佬”的习俗。由四人以两根竹竿抬起一张铺有红毯的大方桌。毯上用竹篾编一个骑虎的道士。敲锣打鼓，上街游行。

糯米饼

旧时，川西还有端午“打李子”的习俗。是日，成都人皆买李子，于城东南角城楼下，上下对掷，聚观者数万。

光绪二十一年

因掷李与外国传教士发生冲突，此俗因而停止。乐山、新津等地端午赛龙舟时，还举行盛大商品交易会。在绵阳市和遂宁市的部分地区，有端午吃包面（和饺子类似，用面皮包馅煮食）的传统，具体由来有待考证。

美味粽子

浙江省桐庐县乡塾之学童，端午节具礼于师长，称之“衣丝”。医家则于午时采药，相传此日天医星临空。

江西省建昌府午节用百草水洗浴，以防止疥疮，新昌县以雄黄、丹砂酒中饮之，称之“开眼”。

湖北省黄冈市端午节巴河镇迎傩人，花冠文身，鸣金逐疫。宜昌市秭归县端午竞渡，但以五月十三、十四、十五三日特盛，另有祭祀、招魂等纪念屈大夫的活动，这一天还有晒水给小孩洗澡的习俗，就是放一盆水中太阳下晒，等水热了给小孩洗澡，据说可以洗去污浊和病魔。五月十五又称“大端阳”，五月二十五又称“末端阳”，食粽、饮蒲酒，例同端午。

湖南省攸县端午，孕妇家富者用花币酒食，贫者备鸡酒，以竹夹楮钱，供于龙舟之龙首前祈求安产。岳州府竞渡以为禳灾、祛疾。又作草船泛水，称为“送瘟”。

赛龙舟

福建省福州端

午旧俗，媳妇于是日以寿衣、鞋袜、团粽、扇子进献公婆。建阳县以五日为药王晒药囊日，人家皆于此日做酱。

上杭县端午用小艇缚芦苇作龙形戏于水滨，称为竞渡。仙游县端午竞渡后，献纸于虎啸潭，以吊念嘉靖癸年戚继光于此溺兵。

邵武府端午节前，妇女以绛纱为囊盛符。又以五色绒作方胜，联以彩线，系于钗上。幼女则悬之于背，称为“窦娘”。

广东省从化县端午节正午以烧符水洗手眼后，泼洒于道，称为“送灾难”。新兴县端午，人家各从其邻近庙宇鼓吹迎导神像出巡。巫师并以法水、贴符驱逐邪凡魅。石城县端午，儿童放风筝，称为“放殃”。

海南省每逢端午，海南各处都会如中原一般举办龙舟竞渡等活动。在如今保存最为完好的古县治城垣定安，五百年历史的明成化古城门洞内，仍有两个石阶叠架着两条鲜艳、修长、昂扬的龙舟。

竞渡

海岛先人，端午时节，扛起龙舟，奔向大河，挥汗于南渡江中竞渡，历史就从一个个古色端午，时光交错着流淌到了今朝。

素有“椰乡”之称的文昌，是宋庆龄的祖居地，临海傍河。

自古以来，当地沿海沿河居民每逢端午，都会举办赛龙舟的活动，祈福求安。海南除了与内地相同的赛龙舟、吃粽子、挂菖蒲和艾草，还有一个海岛百姓都熟知的内容，那就是洗龙水和洗草药澡。

饮雄黄酒在长江流域地区盛行。

吃馏米在部分晋语地区盛行，馏米即黄米黍蒸制的米饭。

游百病在贵州地区盛行。

台湾过端午节时，许多住家门口都挂菖蒲、艾草和贴钟馗画像，成人饮雄黄酒，小孩子佩香包，这些据说都有避邪保平安的作用。

对商家来说，端午节是营销民俗文化的好商机，每年都在挖空心思为卖粽子吸引眼球，在台湾什么稀奇古怪的粽子都有，很多民众也很乐意展示自己的创意。

龙舟竞渡

台南地区端午节不吃粽子，而是吃一种叫“煎堆”，又叫“煎锤”的食物。

台湾端午节保留大量端午信俗，台湾人俗称端阳、“五日节”或“五月节”，习俗为吃粽子、饮雄黄酒、驱五毒、饮午时水、沐午时水、午时立蛋，传说中能在午时，立起鸡蛋可以得到好运与赛龙舟。

端午禳除的习俗源自于夏至，台湾习俗认为端午当天正午，是全年阳气最盛的时刻，因此配合饮用午时水可强身健体、驱除百病，加入了香茅、艾草、菖蒲等驱邪植物，或是挂榕枝、饮雄黄酒、佩挂香馨更可达到功效；另外当天也会使洗艾草水，同样也有防毒健身的效果。全国最著名汲取“午时水”地点在台中县大甲镇铁砧山上的剑井。

在台湾，端午赛龙舟是年度大事，早从在清乾隆二十九年，台湾便有龙舟竞渡；当时台湾府知府蒋元君曾在台南法华寺半月池主持友谊赛，发展至今，台湾各地的主要河川，在端午节当天都会举行盛大的龙舟竞赛，固有“五月锣鼓响半天，阮卜看龙船行河边”的典故。

从农历五月初一开始，便在道士引领下，划龙舟、打龙鼓至水边“请水神”，再决定炉主、头家、龙船会；端午当日，选手必须先祭拜龙船，将香火插在船上。

竞赛结束后，待到农历五月初十“送水神”，在恭收龙船，期待来年再战，全国较知名的龙舟赛会场有台北县碧潭、宜兰冬山河、彰化鹿港吉安水道与高雄爱河等。

台湾俗谚有:“未食五月粽,破裘不愿放”,形容过了端午节才算真正进入夏季的炎热。端午节与春节、中秋节是台湾民间三大民俗节日。

在台湾端午节最有气氛、最为热闹的是划龙舟。台湾各地的主要河川在端午节这天都举行盛大的龙舟竞赛。

江南地区端午节赛龙舟,在南方十分流行,它最早当是古越族人祭水神或龙神的一种祭祀活动,历史悠久,其起源有可能始于原始社会末期。

赛龙舟是中国民间传统水上体育娱乐项目,已流传两千多年,多是在喜庆节日举行,是多人集体划桨竞赛。

史书记载,赛龙舟是为了纪念爱国诗人屈原而兴起的。由此可见,赛龙舟不仅是一种体育娱乐活动,更体现出人们心中的爱国主义和集体主义精神。

龙舟船的大小因地而异。比赛是在规定距离内,同时起航,以到达终点先后决定名次。中国各族的龙舟赛略有不同。

汉族多在每年“端午节”举行,船长一般为20~30米。

韩国江陵端午

国外过端午的习俗

鲤鱼旗

二战前，日本的端午节又称儿童节，是男孩子的节日。这一天有男孩子的家庭，竖起鲤鱼旗，吃粽子和柏叶饼来祝贺。竖鲤鱼旗是希望孩子像鲤鱼那样健康成长，有中国“望子成龙”的意思。

从下面看鲤鱼旗，浮现在蓝天下的鲤鱼很像在水中健壮地游。另外，为了避邪，把菖蒲插在屋檐下，或将菖蒲放入洗澡水中洗澡。

说到避邪，还有着这么一段传说：从前，有个叫平舒王的君主，诛杀了一个不忠之臣，这个奸臣死后化为一条毒蛇，不断害人。

有个有智谋的大臣，头戴红色的蛇头，身上洒满菖蒲酒与之激战，最终制服了毒蛇。从此，在端午节时，插菖蒲、熏艾叶、喝菖蒲酒，就流传开来，成为传统的风俗，日本人称“艾旗招百福，蒲剑斩千邪”。端午的习惯是在日本的平安时代以后由中国传入日本的。

韩国江陵端午祭是旨在继承和发扬端午节传统文化习俗而举行的庆典活动，1967年被指定为韩国第13号重要无形文化遗产和重要无形文物，2005年11月25日被世界教科文组织指定为人类口头和无形遗产。

江陵端午祭以大关岭祭神为始拉开帷幕，活动期间将会举行各种巫法和祭祀典礼，并会举行跳绳、假面制作等传统游戏和体验活动以及精彩的巫俗表演、假面舞、农乐表演等。

韩国江陵端午祭久负盛名，每年的端午祭期间，来自韩国和世界

各地的观光者达百万人之多。

是什么东西吸引了如此众多的参与者、参观者？这不能不归功于韩国江陵市政府对民间无形文化的高度重视和有效的保护。

正是这一举措，使得一个民间节日成为江陵文化的标志，韩国民族精神的象征，成为一种无形文化遗产，供人类享受，成为外界认识韩国文化和江陵民情的一个窗口。

韩国“申遗”事件中提到的韩国端午节，指的就是江陵的端午祭。

新加坡在端午节这天举行全国龙舟大赛。端午前后，新加坡的东海岸公园会举行精彩的龙舟邀请赛，来自世界各地的龙舟队伍云集于此，一较高低。

越南吃粽子求五谷丰登。越南也是在阴历五月初五过端午节，他们的主要内容是吃粽子、端午驱虫。父母会给孩子们准备很多水果、身上戴五彩线编织的吉祥符，大人们会饮雄黄酒，并在小孩身上涂雄黄酒驱虫。而且，越南人认为，吃粽子可以求得风调雨顺，五谷丰登。

近年来，由于越来越多的人被中华文化的魅力征服，一些西方国家虽然不过端午节，也开始“热情拥抱”端午节的标志性节目——赛龙舟。这项充满趣味的运动在有的国家甚至非常流行！

美国从1979年开始，在波士顿儿童博物馆举行一年一度的波士顿龙舟会，并逐步形成了美国传统的文化节日。

时至今日，中国的传统运动赛龙舟已经悄悄渗入了部分美国人的运动习惯，成了美国发展最快的流行体育娱乐项目之一。

赛龙舟

美国龙舟协会负责人透露，从旧金山、纽约到沿密西西比河周围的很多地方，都有人专门组建了龙舟队，目前共有400多支。

俄罗斯随着对中国的了解

苏州端午习俗

不断加深，俄罗斯人对中国传统文化也兴趣十足。

2004年中国农历端午节前夕，别开生面的比赛——端午龙舟大赛在俄罗斯拉开战幕。这次有趣的比赛共有60支队伍、600多名划船手参赛，龙舟赛的路程为250米。这是俄罗斯有史以来第一届龙舟大赛。德国端午赛龙舟，在德国落地生根已经有整整20年的时间。1989年，龙舟活动传入德国，并在汉堡举行首届“龙舟节”。

1991年后，龙舟比赛改在德国金融中心法兰克福举行并一直延续至今。一年一度的龙舟节于5月29号在法兰克福拉开帷幕。

数百名选手当天参加在法兰克福市中心美茵河畔举行的龙舟比赛。每支龙舟可容纳20人，选手允许使用自带划桨，当天无论是河上还是岸边气氛都非常热烈。

美茵河畔当天聚集了很多专门来观看比赛的市民。

端午的“申遗”之路

2009年5月，中国已启动端午节申报世界非物质文化遗产程序，该项目由湖北省代表中国向联合国递交申报表，很快“端午申遗”进入初评阶段。

继2005年韩国“江陵端午祭”被联合国教科文组织宣布为“人类传说和非物质遗产代表作”后，中国就启动“端午节”申报世界非遗程序。本次申报的遗产名称为“中国端午节”，由湖北秭归县的“屈原故里端午习俗”、黄石市的“西塞神舟会”及湖南汨罗市的“汨罗江畔端午习俗”、江苏苏州市的“苏州端午习俗”四部分内容组成，申报材料由三省联合“打包”。

2009年10月，受文化部委托，湖北省代表中国向联合国教科文组织递交了申报表和相关材料。据悉，以上三省四地的“端午习俗”，已于2006年公布为首批国家级非物质文化遗产名录。

端午节迄今已有2 500余年历史，它由驱毒避邪的节令习俗衍生出各地丰富多彩的祭祀、游艺、保健等民间活动。尤以湖北省秭归县、黄石市更具典型性。这也是为什么“端午申遗”工作以湖北为主体的原因。

按照相关规定，每个国家每年只允许向联合国申报一个“非遗”项目，端午节在2008年正式成为国家法定假日，也是中国2008年惟一的世界“申遗”项目。

端午节由湖北、湖南、江苏三省四地共同申报，共包括4部分内容，分别是江苏省苏州市的“苏州端午习俗”、湖北秭归县的“屈原故里端午习俗”、黄石市的“西塞神舟会”及湖南汨罗市的“汨罗江畔端午习俗”。

联合国教科文组织保护非物质文化遗产委员会第四次会议2009年9月30日在阿联酋阿布扎比审议并批准了列入《人类非物质文化遗产代表作名录》的76个项目，中国占据22项，端午节、粤剧、书法、篆刻、剪纸等均名列其中。

端午节是中国首个入选世界非遗的节日。

迷你知识卡

钟馗

中国传统文化中的“赐福镇宅圣君”。古书记载他系唐初长安终南山人，生得豹头环眼，铁面虬鬓，相貌奇异；然而却是个才华横溢、满腹经纶的人物，平素正气浩然，刚直不阿，待人正直。

第三章

和端午节有关的传说与风俗

与黄巢有关的端午传说

唐僖宗年间，黄巢领兵造反，所到之处，杀人百万，血流成河。老百姓听见黄巢来了就纷纷逃难，惟恐避之不及。

这年五月，黄巢的军队攻进河南，兵临邓州城下，黄巢骑马到城外勘察地形，只见一妇人背着包袱，手里抱着个男孩像是在逃荒，感到很奇怪，就上前询问。

汨罗江

美丽的汕尾市

那妇人说，“听说黄巢杀人不眨眼，不日就要攻进邓州。城里的男人都被征调去守城，我只好带着孩子逃命去了。”

黄巢听罢，对这妇人产生了恻隐之心，说，你回去把菖蒲和艾草插在门口，这样黄巢的军队就不会伤害你们家的人了。

妇人听了，将信将疑，不过她还是回到城里，把这个消息告诉了父老乡亲。第二天正是五月端阳，黄巢的军队攻进城里，只见家家户户门上都挂了菖蒲艾草。

为了遵守对那位妇人的承诺，黄巢只得无可奈何的领兵离去，全城因而得以幸免于难。为了纪念这件事，此后每到端午节，大家就会在门上插菖蒲、艾草，这项习俗一直流传到今天。

汕尾市的陆河县是一个纯客方言区，该县25万居民中，除与海陆丰交界的新田镇横陇管理区有4千多福佬人外，其余均属客籍。

陆河客家人有一个十分特殊的民间风俗——“走黄巢”，就是在每年五月端午节这一天，家家户户都要“离家出走”，到山上或野外走半天，并采些“艾”和“青草药”，才回家中。按当地风俗，端午节“走黄巢”有两个时间，一为“走朝”，二为“走昼”。

“走朝”者，大早起来不吃饭就出门，中午才回来做饭，如该县东坑、水唇的大部分彭姓人家及姓刘、罗两人家；“走昼”者，则是先在家吃了早饭再出去“走黄巢”，如河田的部分叶姓及新田的丘、叶、练绪姓。但据陆河人说，近十几年来许多人在端午这一天实际上并没有出去，不过因为仍然保留“食昼”或“食朝”的习俗，所以仍叫“走黄巢”。据说，“走黄巢”就是根据以上的习俗沿袭而来的。

黄巢像

源于古越民族图腾祭

近代大量出土文物和考古研究证实：长江中下游广大地区，在新石器时代，有一种几何印纹陶为特征的文化遗存。

该遗存的族属，据专家推断是一个崇拜龙的图腾的部族，史称百越族。出土陶器上的纹饰和历史传说示明，他们有断发纹身的习俗，生活于水乡，自比是龙的子孙。

其生产工具，大量的还是石器，也有铲、凿等小件的青铜器。作为生活用品的坛坛罐罐中，烧煮食物的印纹陶鼎是他们所特有的，是他们族群的标志之一。

直到秦汉时代尚有百越人，端午节就是他们创立用于祭祖的节日。在数千年的历史发展中，大部分百越人已经融合到汉族中去了，其余部分则演变为南方许多少数民族，因此，端午节成了全中华民族的节日。

端午节背后的神奇故事

在很久以前，有一村庄的人道德败坏，世风日下，无恶不作，所以神决定要灭掉那个村子里的人，于是指派官差在端午节那天执行，并下令只有那些家门口挂着蒿子、桃树枝、小麦这三样东西的好人家，才能免死。

接着又派人化作差人的模样提前把守这个村的所有路口要道，不让村里人随便外出。

大难即将来临，但这个村子里的人无人知晓，照样吃喝嫁娶，作恶行乐。

在农历五月初四，即端午节到来的前一天，村里一妇人带二个孩子外出，当路过关卡时被当差人拦住。

差人看着妇人，纳闷的问道："你这人真奇怪，为什么这么小的孩子你不背，反而身上背着能走路的大孩子，是不是太偏心了吧！"

妇女答道："差人你不知道，我手上牵的小孩子是我自己亲生的。我身上背着这个大孩子不是我亲生的，他从小就失去母爱。

有句俗话说：拿别人的孩子当块金，把自己的孩子拉成人。

官差听后恍然大悟，心里大吃一惊，自言自语道："这村子里竟然还有这样的好人。"

官差有心要救这个好心的妇人，于是把天机告诉了她，让她赶快回家在自己家门上挂上蒿子、桃树枝、小麦就能幸免这灭顶之灾。

妇人听后也大吃一惊，她立即返

古朴渔村

黄巢头像

回村庄，挨家挨户拍门相告。

村庄里的人平时你算计我，我算计你，互相之间已经没有了信任，但一听到是面临灭顶之灾，家家户户都不敢轻视，谁都怕死，不怕一万就怕万一，大家连忙找出蒿子、桃树枝、小麦挂在家门上。

有的家庭无法凑齐这三样东西，也顾不上面子不面子了，赶紧跑到邻居家去哀求。在这大难临头的时候，村民们都放下了平时的恩恩怨怨，也不管来借东西的人是不是以前的仇家，反正家里有多余的就大方的送给其他人家，保命要紧。

于是，当天的天黑之前，每家每户的门口都高高挂上了蒿子、桃树枝和小麦。

端午节这天，官差奉命来村庄时，一眼望去，只见全村家家户户的门上都有蒿子、桃树枝、小麦，官差只得离开村子，回去上报。

村子里的人因此保存了性命，以后谁都不敢干伤天害理的坏事，深怕天怒人怨，又招来灭顶之祸。

从此，每逢端午节，每家每户都在家门上挂蒿子、桃树枝、小麦，就一直承传下来，以提醒后人，当有人告诉你关系到性命安危的警告时，千万不能不听。

端午节系五彩线的由来

端午节时，会看到很多人的手腕上系着五彩线，不知道五彩线有什么含义。而且好像还说要等到端午节后的第一个雨后将五彩线解开扔到水中。

五彩是由红、黄、兰、绿、紫等五个颜色组成。明代 五彩是由红、黄、绿、紫四种釉上彩和釉下青花组成。

五彩线，古代也叫五彩长命缕。端午节最初是给女孩子过的节日，是中国的女儿节。

系五彩长命缕，这是宋代就有的古老习俗。用红绿黄白黑色粗丝线搓成彩色线绳，系在女孩子的手臂、颈项上，叫长命缕、续命缕。

明人余有丁《帝京五日歌》所云“系出五丝命可续”，指的就是这种习俗。

汉·应劭《风俗通》载：“五月五日，以五色丝系臂，名长命缕。”后人也称“续命缕”。据此，即此俗直承汉代，至今已两千年矣。

传统之俗，取五色丝线拧成一股，系于小孩手臂上，自五月五日系起，直至七月七日“七娘妈”生日，才解下来连同金楮焚烧。

还有一说，在端午节后的第一个雨天，把五彩线剪下来扔在雨中，会给你带来一年的好运。

五彩缕有叫“五色线”“朱索”“百索”等，是端午节必备的物品。陕西风俗，端午节当天把彩色丝缕拴在小孩的手腕、脚腕和脖颈上，据说可以避邪和防止五毒近身。

这种彩色丝缕要戴到“六月六”才把它剪下来，丢进河里让水冲走。陕西地区的传说认为这和药王孙思邈的事迹有关，将花线丢进河里，等于百病也被带走了，具有祛灾的性质发展到现在，一般都用

五彩丝绳

绣花用的丝线，颜色多且艳丽，用色比较灵活，多则十多种颜色，少则二三种。

用什么色也很灵活，有些人手头有什么色就用什么色。等到五月五日这一天，大人小孩都戴上彩缕，走到一起时都会比比看谁的更漂亮，颇有情趣。当然比较讲究的人家依然是用五色线。

端竿节——龙的节日这种说法来自闻一多的《端午考》、和《端午的历史教育》。他认为，五月初五是古代吴越地区“龙”的部落举行图腾祭祀的日子。其主要理由是端午节两个最主要的活动吃粽子和竞渡，都与龙相关。粽子投入水里常被蛟龙所窃，而竞渡则用的是龙舟。

竞渡与古代吴越地方的关系尤深，况且吴越百姓还有断发纹身“以像龙子”的习俗。古代五月初五日有用“五彩丝系臂”的民间风俗，这应当是“像龙子”的纹身习俗的遗迹。

细数国内外的粽子风情

端午节吃粽子是中国的传统习俗，然而，在国外也有不同的吃粽子习俗。

日本人在过节时所吃的粽子不是用糯米做的，而用粉碎的米粉做，粽子的形状与中国不同，普遍将粽子包成锤子形状。

缅甸人也喜爱吃粽子，但和端午节没有什么联系。他们是用糯米为原料，用成熟的香蕉和椰蓉作馅，这样做成的粽子酥软、甜滋滋的，吃时香味扑鼻，令人回味无穷。

越南人在端午节吃方形咸粽。这种粽子是用虾、瘦肉、鸭蛋黄、红豆做馅，颇具闽粤风味。还有一种甜粽，是用糯米粉捏成粉团，将椰丝、红豆或绿豆馅塞入粉团做成的菱形粽，蒸熟之后蘸上蜜汁或砂糖吃。

新加坡人都很爱花，每当有客人来访时，主人都会送上几束花，且还会端来花汁浸染的粽子请客人来品尝。

这种花汁粽子是用绿叶包成多角形状，只有鸡蛋那么大小，展开绿叶后，里面的粽子是由花汁染成淡绿色的米粉精制而成的，色泽诱人，吃起来味道清香可口。

马来西亚人所做的粽子与广东一带的粽子有点相似，除了较常见的鲜肉粽子和火腿粽子等品种外，还有豆沙和椰蓉等几种粽子，香甜可口，美味醇香。

五彩长命缕

端午节，家家户户还有打“午时水”的风俗。午时水指的就是端午节中午打上的井水。据说午时水用来泡茶酿酒特别香醇，生饮甚至具有治病的奇效。

有谚语道：“午时洗目睭，明到若乌鹙”，最富传奇色彩的午时水，则来自大甲镇砧山上的剑井。

传说此井是当年郑成功插剑祷泉的地点，而且又相传鐽砧山盛产各种灵药仙草，于是剑井午时水的功效便被传说得神奇无比。

接龙船

每年端午节，剑井旁边争打午时水的人总是挤得密不通风。据说端午节正午对着井中仔细观看，还可以看见郑成功的身影吧。

而看见剑影的人，这一年一定无灾厄。划龙舟，台湾称为“扒龙船”。

据《民俗台湾》一卷六号上记载，日据时代士林的端午龙舟的习俗如下：自五月初一起，就先到水边“迎水神”。初五正午，即敲响锣鼓，扛起龙舟到河岸，沿途都有居民烧香礼拜。

俗语说：“五月五。龙船鼓，满街路”。表示欢迎，称为“接龙船”。赛过龙，还要于初十“送水神”，并举行“谢江”的仪式。

在节日食俗方面，台湾俗传端午吃桃、茄子及菜豆，可以健康长寿。俗话说：“食茄吃到会摇，吃豆吃到老老”。

西安的蜂蜜凉粽子，载于唐韦巨源的《食谱》。其特点是只用糯米，无馅，煮熟后晾凉，吃时用丝线勒成薄片，浇以蜂蜜与黄桂酱——白糖腌桂花酱。

五彩线

大肉粽产于广西南宁，每只重约1千克，以肥猪肉、绿豆为馅，清香、软糯、甘润、膏腴不腻。最小的粽子在上海城隍庙，绿波廊、湖心亭两处皆有。长约寸许，形如枕头，火腿为馅，小巧清鲜；湖心亭以为茶食，甚妙。

广西壮族出现过最大的粽

子，它是将芭蕉叶垫在一个特大的方形篼格中，内放50千克淘净并拌有酱油的糯米，再拌入一只去皮骨、切成小方块的猪腿的肉，面上复一层芭蕉叶，隔水蒸熟，这种粽子壮族人叫“口粽粑”，可供一家三口吃两个月。

据香港的媒体介绍，香港有9位老人，曾经包了1只重36千克的粽子，供250人食用。1989年端午节，台湾彰化县曾制作一只特大粽子，重达350千克。

广东一带包的粽子个儿特大，煮熟后1只粽子端到桌上，四个年轻人居然没法将它吃掉。

在上海一些酒楼饭馆中，宴席点心供应“迷你粽”，小得像手指一般，每50克糯米加4小块火腿，可包4只小粽子，白线缠绿叶，玲珑淡雅，真像一件工艺品，让人爱不释手，舍不得剥而吃之。

中国江汉平原每逢端午节时，还必食黄鳝。黄鳝又名鳝鱼、长鱼等。端午时节的黄鳝，圆肥丰满，肉嫩鲜美，营养丰富，不仅食味好，而且具有滋补功能。因此，民间有“端午黄鳝赛人参”之说。

甘肃省民勤县一带，端午节这天都蒸“面扇子”。面扇子用发面蒸制，呈扇形，有5层。每层撒上碾细的熟胡椒粉，表面捏成各种花纹，染上颜色，十分好看。这种食俗据说是由端午节制扇、卖扇、赠扇的风俗演变而来的。

甜粽子

江西南昌地区，端午节要煮茶蛋和盐水蛋吃。蛋有鸡蛋、鸭蛋、鹅蛋。蛋壳涂上红色，用五颜六色的网袋装着，挂在小孩子的脖子上，寓意祝福孩子逢凶化吉，平安无事。

河南、浙江等省农村每逢端午节这天，家里的主妇起得特别早，将事先准备好的大蒜和鸡蛋放在一起煮，供一家人早餐食用。有的地方，还在煮大蒜和鸡蛋时放几片艾叶。早餐食大蒜、鸡蛋、烙油馍，这种食法据说可避“五毒”，有益健康。

端午节是吉林省延边朝鲜族人民隆重的节日。

这一天最有代表性的食品是清香的打糕。打糕，就是将艾蒿与糯米饭，放置于独木凿成的大木槽里，用长柄木棰打制而成的米糕。这种食品很有民族特色，又可增添节日的气氛。

福建晋江地区，端午节家家户户还要吃“煎堆”。之前我们提到过，所谓煎堆，就是用面粉、米粉或番薯粉和其他配料调成浓糊状，下油锅煎成一大片。

相传古时闽南一带在端午节之前是雨季，阴雨连绵不止，民间说天公穿了洞，要“补天”。端午节吃了“煎堆”后雨便止了，人们说把天补好了。这种食俗由此而来。

在温州地区，端午节家家还有吃薄饼的习俗。

薄饼是采用精白面粉调成糊状，在又大又平的铁煎锅中，烤成一张张形似圆月、薄如绢帛的半透明饼，然后用绿豆芽、韭菜、肉丝、蛋

蜂蜜凉粽子

打糕

丝、香菇等作馅，卷成圆筒状，一口咬去，可品尝到多种味道。

细说粽子的发展历史

春秋时期用菰叶茭白叶包黍米成牛角状，称“角黍”；用竹筒装米密封烤熟，称“筒粽”。

东汉末年草木灰水浸黍米，因水中含碱，用菰叶包黍米成四角形，煮熟就成广东碱水粽。

晋代粽子被正式定为端午节食品。这时包粽子的原料除米外，还添加中药材益智仁，煮熟的粽子称“益智粽”。

南北朝出现杂粽。品种增多，米中掺杂禽兽肉、板栗、红枣、赤豆，裹成的粽子还用作交往的礼品。

唐代粽子用米已“白莹如玉”，粽的形状出现锥形、菱形。日本文献中就记载有“大唐粽子”。

宋代有“以艾叶浸米裹之”的“艾香粽”，还有“蜜饯粽”，见苏东坡“时于粽里见杨梅”的诗句。这时还出现用粽子堆成楼台亭阁，木车牛马作的广告，说明宋代吃粽子已很时尚。

元代粽子包裹料已从菰叶变革为箬叶，突破菰叶的季节局限。

明代出现用芦苇叶包的粽子，附加料已出现豆沙、猪肉、松子仁、枣子、胡桃，品种更加丰富多彩。清

煎堆

薄饼

代出现“火腿粽子”。

如今粽子更是千品百种，璀灿纷呈。现今各地的粽子，一般都用箬壳包糯米，但内涵花色则根据各地特产和风俗而定，著名的有桂圆粽、肉粽、水晶粽、莲蓉粽、蜜饯粽、板栗粽、辣粽、酸菜粽、火腿粽、咸蛋粽等等。

广东粽子个头大，外形别致，除鲜肉粽、豆沙粽外，还有用鸡肉丁、鸭肉丁、叉烧肉、蛋黄、冬菇、绿豆蓉等调配为馅料的什锦粽。

以杏花楼、新雅为代表的广式粽子，吃口松软而味道浓烈，外形为底平，呈正方形、五角形，一角向上，其余伸向四方。

广式粽子品种很多，有栗子、鲜肉、蛋黄、香菇；裹枕粽有烤鸭、香菇、栗子、鲜肉、蛋黄、米仁，其他还有碱水粽、豆沙粽、鲜肉粽、鲜肉蛋黄粽、赤豆粽等。

厦门、泉州的烧肉粽、碱水粽皆驰名海内外。烧肉粽的粽米必选上乘，猪肉择五花肉并先卤得又香又烂，再加上香菇、虾米、莲子及卤肉汤、白糖等，吃时蘸调蒜泥、芥辣、红辣酱、萝卜酸等多样佐料，香甜嫩滑，油润而不腻。

浙江宁波粽子为四角形，有碱水粽、赤豆粽、红枣粽等品种。其代表品种碱水粽，是在糯米中加入适量的碱水，用老黄箬叶裹扎。

煮熟后糯米变成浅黄色，可蘸白糖吃，清香可口。

嘉兴粽子为长方形，有鲜肉、豆沙、八宝等品种。如鲜肉粽，常在瘦肉内夹进一块肥肉，粽子煮熟后，肥肉的油渗入米内，入口肥而不腻。

北京粽子是北方粽子的代表品种，其个头较小，为斜四角形。北郊农村，习惯吃大黄米粽，粘韧而清香，多以红枣、豆沙为馅。

较为著名的粽子还有四川、两湖的辣粽、贵州的酸菜粽、苏北的咸蛋粽。

此外，以沈大成、上海嘉兴粽子店、五芳斋等传统特色店所供应的粽子则是五花八门，豆沙、鲜肉、白米、红枣赤豆、鲜肉蛋黄等。沈大成首创咖喱鸡粽，缤纷多彩。

各类粽子从品种到外形，从口味到色泽都各不相同，大的广式裹枕粽450克一只，而迷你粽每只仅25克。

“十二红”与佩香囊

因为端午节除了纪念屈原还有就是要避五毒，因为传说中的五毒妖怪到了端午就会危害人间，这五毒妖怪就是蛇、蜈蚣、蜘蛛、壁虎和蝎子。

民间用五种红色的菜象征这五毒的血，吃着这些菜的时候，就会把五毒妖怪吓跑，也就是吃五红了，分别是烤鸭、苋菜、红油鸭蛋、龙虾、雄黄酒，据说端午节吃了这五红，整个夏天就可以辟邪避暑了。

蜜饯粽

汪曾祺《端午的鸭蛋》中介绍到“端午节的午饭要吃‘十二红’，就是十二道红颜色的菜。

汪曾祺写到：“十二红里我只记得有炒红苋菜、油爆虾、咸鸭蛋，其余的都记不清，数不出了。也许十二红只是一个名目，不一定真凑足十二样。不过午饭的菜都是红的，这一点是我没有记错的，而且，苋菜、虾、鸭蛋，一定是有的。这三样，在我的家乡，都不贵，多数人家是吃得起的。”

咸鸭蛋

旧日盛行于端午节的“十二红”，并无定品，惟有粗细之分，视各家财力和社会地位而定，亦有通品，例如“炒红苋菜”，“炝女儿红”洋花萝卜红烧黄鱼，切咸鸭蛋之类。

中国人一直喜欢红色，喜庆吉利，有节日的气氛。至于端午的菜品，为何一定要十二红，而不是十一红，或是十三红。

这是有说法的，这个数字代表每年的十二个月，再者，它也兼顾了每年的四时八节。人们都希望日子过得红红火火的，事业发展得顺顺当当的，凡事年年吉利，月月喜庆。

香囊是华夏民族的古老习俗。香囊是香荷包的简称。香囊又名香包、荷包、香袋、香荷包。

红油鸭蛋

据考证，端午节佩戴香荷包源于公元前278年，楚国民以“筒粽”即竹筒贮米投入汨罗江祭奠屈原，使鱼不损伤其遗体。

据《初学记》中记载：汉光武年间，长沙

人欧回，见一人自称三闾大夫，屈原官名对他妻子托梦说：“你们祭祀的东西，被江中蛟龙偷走了，以后可以用艾叶包住，五色线捆好，蛟龙最害怕这两样东西。”

于是其妻就用竹筒制粽，并缠上五色丝线投入江中。后来世代相传，发展为端午节食品及五色丝线缠粽子的民风民俗。

到后来，人们又用五色彩线缠、绣各种各样的香荷包，这种古俗愈演愈烈，据古乐府《孔雀东南飞》中描写：“红罗复斗帐，四角垂香囊”；又如：《红楼梦》书中写道：“宝玉因忙把衣解了，从里面衣襟上将所系的荷包解了下来。”

这里的香囊、荷包虽然没有明确指出是端午节所佩戴之物，但其古俗含义辟邪、熏香、定情物不免也夹杂在其中。

元代杂剧就提到这种香荷包，让驰聘疆场的武士佩戴在身边，是用来装针线的，大的像钱包，小的似手袋。

中国古俗佩戴香荷包历史悠久，它可追溯到周代之前。

据《礼记·内则》记载：“子弟父母，左右佩用……衿缨，以适父母舅姑。男女未冠笄者，咸盥漱、栉纵拂髦、怱角衿缨，皆佩容臭。”这里所说的“衿缨”是编结的香囊；“容臭”是指香囊中的香物。

千奇百怪的粽子

这段文字记载说明周代年轻人在父母与舅姑处时，随身佩戴香荷包香囊，以表示对长辈的尊敬礼仪，也说出了那时的香荷包尚无装饰意义。

每年农历五月

香囊

初五这天，总要举行隆重的庆祝活动，并举办许多内容丰富、形式多样、耐人寻味的民俗活动。

特别是这天，大人小孩都佩戴各色丝绸、精工制作成的颜色各异、形状不同的香囊戴于身上、腰间，娃娃们都要带上布制的肚兜，人们认为这些布制吉祥物都有灵气，都具有保护子孙平安成长的特性，因此，在端午节这天佩戴香囊，受到人们的喜爱和欢迎。

香荷包都是采用彩色绸缎或布块包上棉花，掺和着丁香、山艾、细辛、甘松、白芷等中药粉，再用彩绸扎绣而成。

它们下边还垂上红、绿、青、蓝、紫各种线穗，再穿上银珠光片之类，看上去珠光宝气，诱人喜爱。有些巧手把许多小香包串起来，组合成很有趣的“八仙过海”“鱼儿钻莲”“老鼠啃葡萄”“狮子滚绣球”“猴娃啃桃”“虎踏五毒”“驱五毒簸箕”“艾虎”。

在端午节早晨，大人要把这些香荷包给孩子佩戴在身上。

希望香荷包里的香味和小动物可以祛病除恶，祈福降寿。随着历史的演变，祛病求福的观念渐渐淡化，而这制作精湛的艺术品的风俗却保存了下来，成为人们对美好生活的衷心祝愿。

传说屈原投江时正值夏天，蚊虫四飞，民众唯恐屈原遗体遭叮咬，纷纷用艾草点燃，以烟熏虫，后有人建义，何不以布包檀香。后来，人们用针线缝好香包后，再串以布绳，紧挂颈间，人人一串，蚊虫污物不敢近，相传下来，端午做香包就成了中国传统习俗。

早期的香包作法简单，造型单调，小小一方布能包住檀香末即可，后来为了美化，开始讲究布料及造型，由最具涵义的粽子形状发展成各式动物造型。如今纯手工香包已不多见，除非亲自动手缝制，代之而起的是五颜六色、缤纷斑斓的现代香包，材质多样化，有棉布、有尼龙布、也有塑胶的。

香囊可以制成枫叶形、小熊形、热带鱼形、心形，缝制的方法大致是先裁出香囊形状的纸型，用纸型裁剪出二面布形，正面对正面，对好缝合后再翻面、塞入棉花、放进香粉，最后缝合、绑上绳结。使用时，白天将香囊挂于颈部前方，晚上睡觉放枕边。无论大人还是小孩，无论什么季节，随身佩戴一个香囊，可避秽除邪，芳香化浊。

端午节小孩佩香囊，不但有避邪驱瘟之意，而且有襟头点缀之

香囊

风。香囊内有朱砂、雄黄、香药，外包以丝布，清香四溢，再以五色丝线弦扣成索，作各种不同形状，结成一串，形形色色，玲珑夺目。

戴香囊颇有讲究。老年人为了防病健身，一般喜欢戴梅花、菊花、桃子、苹果、荷花、娃娃骑鱼、娃娃抱公鸡、双莲并蒂等形状的，象征着鸟语花香，万事如意，夫妻恩爱，家庭和睦。小孩喜欢的是飞禽走兽类的，如虎、豹子；猴子上竿、斗鸡赶免等。

香囊质地种类非常多，丝绣的普通多见，但也有玉镂的，象牙的，更有金累丝、银累丝、点翠镶嵌等工艺，但无论是使用哪类材质制作而成的香囊，其功效都是一样的，香囊内部会被装进各种香料，如白芷、川芎、芩草、排草、山奈、甘松等。而这袋囊内容虽几经变化，从吸汗的蚌粉、驱邪的灵符、铜钱，到避虫的雄黄粉，再发展成装有香料的香囊，小小香囊不仅蕴藏着中国妇女的勤劳聪慧，更将祖国的中医药学蕴含其中。

我们的先祖生活在缺医少药的年代，人们的寿命普遍很短。活着，不仅要对付自然灾害猛兽袭击，更对毒蛇毒虫叮咬细菌侵蚀惶恐

香囊

端午图

不安。在人类在与自然界的对抗中，也逐渐摸索出了一定的经验，例如《夏小正》中就记载：“此日蓄药，以蠲除毒气。”由此可见，人们正在或已经寻找到了可以慰藉心灵的良方了！美丽精巧的香囊，便是其中之一。

几千年前的端午，大人们喝着自酿的雄黄酒，家里门楣上插着菖蒲艾蒿，成人在小儿的额头耳垂点抹着雄黄。可见那时的人们认为经过自然界中这些带着芳香气息植物的洗礼，才可以驱走疟疾，安全度过这个夏日多蚊的季节。

后来不知哪位草药郎中或是慈爱的母亲，在雄黄里加入艾叶等香草原料，缝制在软布包包里，佩戴在孩童身上。香囊就这样诞生了。以药物之味，经口鼻吸入，使经脉大通，祛邪扶正，以达到祛病强身之功效。将之长久戴在人体上，蛇虫闻之远遁，既减少了传染源，又可起到杀除病菌，消除汗臭，清爽神志的作用。

起始于端午的香囊流传至今，不同地域亦会承载不同地域的文化特色，它们是文化信息的载体，这种自端午取香辟邪的小小香包，

香囊

由最初具有的实用功能发展成为一种民间艺术，被国内外藏家追逐。

香囊不仅有丝质的，更有金属等材质的，好的香囊，价值连城。这种价值连城的香囊，一为早期出土的布艺香囊，再就是我们提到的玉镂，象牙，金累丝、银累丝、点翠镶嵌等形形色色从古代留存下来的香囊。

《旧唐书》卷五载：安禄山反叛，玄宗等逃离长安，途径马嵬坡时，赐死杨贵妃，并葬于此地。玄宗后来自蜀地重返京都，念及旧情，密令改葬。当挖开旧冢时，发现当初埋葬时用于裹尸的紫色褥子以及尸体都已腐烂，唯有香囊还好好的。

诗人张祜感叹此物此事，为此还写下了《太真香囊子》诗：蹙金妃子小花囊，消耗胸前结旧香。谁为君王重解得，一生遗恨系心肠。

发端于端午节用以祛恶气、辟邪秽、醒脑提神、预防疾病的香囊，到了宋元明清时，早已被普遍用作佳节馈赠的礼物，并成为日常生活寸步不离的随身饰物。无论贫富贵贱、三教九流，无人不佩，并一直沿袭至民国。

其实，这种金属制成的球形香囊来自于博山炉，周时熏香是直接利用某种草本植物，无须用特别的熏香用具。春秋战国时才有金属香薰炉出现，直到汉代才出现真正意义上专门用于香薰的博山炉。而唐代才彻底出现了用于熏香的香囊，并迅速流行。正如南宋诗人陆游在他的《老学庵笔记》所述，汴梁贵妇乘车出行时，常于袖中置“小香球”，车驰过，香烟如云，数里不绝，尘土皆香……

香囊

翻开香囊所经历的历史，如一幅幅灵巧而又多彩的生活画卷，展示在我们面前的尽是古朴拙巧、原始而又鲜活的艺术瑰宝。这是真正的民族文化、民俗文化、大众文化、人性文化。它们表达出人类对于美对于自然的需求，是思想信仰的艺术，是展示生命活力的艺术。

一款款材质各异、气味芳香的小小香囊，承载着一份深深的爱意。现代人追思怀古收藏它们，将它们挂在居室挂在车上，佩于裙边，是一缕永远的心香。

迷你知识卡

苋 菜

叶呈卵形或棱形，菜叶有绿色或紫红色，茎部纤维一般较粗，咀嚼时会有渣。苋菜菜身软滑而菜味浓，入口甘香，有润肠胃清热功效。亦称为“皃葵”“苻菜”“荅菜”。

第四章

中国端午节在世代交替中传承

端午礼俗的和谐理念

古代端午节有吃鸭子的习俗。《初学记》卷四引《风土记》云："仲夏端午，烹鹜角黍"。《艺文类聚》卷四、《初学记》卷四、《资暇集》卷中、《靖康缃素杂记》卷五、《说郛》卷十四、《天中记》卷五，所引亦同。

鹜为家鸭、野鸭。李白《送崔度还吴》诗："鸡鹜轻贱君。"此指家鸭；陆游《夜兴》诗："浩浩 醉歌群鹜起。"此指野鸭。

江浙一带端午节有吃鸭子、吃咸鸭蛋的习俗。杭州西湖赛龙舟则有抢鸭子、钱等习俗，即把鸭、钱等物件放入水中，鸭子则会四处游、躲避，钱币入水即沉，很难抢到。

福建厦门一带在端午节仍然举行抢鸭子比赛的活动。土家族则也有划龙舟、甩鸭子、抢鸭子的习俗。

为什么端午节要吃鸭子和鸭蛋？为什么划龙舟时有甩鸭子、抢鸭子习俗？这与古代的阴阳观念有关。

端午节是祭地、祭水，必须用阴性的祭品来祭祀，禽类脚爪为四爪，为偶数，根据古人的分类观念，偶爪类动物属阴性动物，再者，鸭子是水上动物，水中动物一般都视为阴性动物。

另外，冬至吃狗肉的习俗据说是从汉代开始的。相传，汉高祖刘邦在冬至这一天吃了樊哙煮的狗肉，觉得味道特别鲜美，赞不绝口。从此在民间形成了冬至吃狗肉的习俗。

这一说法无疑是后人附会之辞。冬至吃狗肉与冬至祭祀有关？一是狗的脚趾为五趾，为单数，为阳性动物；二是狗象征男性，《国语·越语》："生丈夫，二壶酒，一犬；生女子，二壶酒，一豚。"韦昭注："犬，阳畜，知择人；豚，主内，阴类也。"

如前所述，冬至是阳性节日，是祭天祭太阳的日子，所以以狗肉祭祀也符合阴阳观念。

中国端午与韩国端午

端午节虽然是我们的传统节日，但是在长期的文化交流中已经逐渐地融入各个邻近国家的文化中，已经具有了独特的生命力和特点。

在新加坡，每年端午节举行的国际龙舟邀请赛早就闻名于世；在韩国，端午节被称为端午祭，2005年，韩国江陵端午节向联合国申请世界非物质文化遗产获得批准。

申报材料中的第一句话就是"端午节原本是中国的节日"，韩国端午祭神成功的消息传出以后，国内舆论一片哗然，端午节被"抢

朝国端午节

注”,端午节被人“端”走！等等评论,一时间成热门的话题。

那么,源于中国的端午为什么在邻国开花结果？韩国端午祭和中国端午节有何不同？

江陵,韩国北方城市,距首尔240公里,这里靠山面海,风景优美,自古就是韩国的文化中心之一,现在则保存着最为完整丰富的韩国端午祭文化,每年农历四月五日,比咱们早1个月,端午祭就开始了,这里人们先是为祭祀捐献大米,用来酿酒,以备敬献神灵。

农历四月十五,举行山神祭。这个祭祀过程颇为复杂,先要举行“国师城隍祭”,然后上山砍神木,神木砍下来后要立刻挂上青红礼缎。

接着进行的是“邱山城隍祭”,再接着是“鹤山城隍祭”,最后是“奉安祭”。

简单来说就是祭各路山神,以保佑吉祥平安和水稻丰收,整个祭祀的先后过程严格依照儒教式的祭仪传统,不得半点马虎。

除了各类的祭祀活动,普通老百姓的习俗也有不少,比如女孩子要戴菖蒲根做的发簪,发簪外面还要别上艾草。要用菖蒲水洗头,游客们也会跟着洗一把,沾沾这传统的习气。除此之外还有荡秋千、摔

韩国江陵

跤和特色的民族歌舞，节日期间，整个江陵喜气洋洋。

在江陵端午祭上有很多游客，因为端午祭除了是当地的民俗传统之外，更是成了韩国国内一个知名的旅游品牌。

通过刚才的介绍，会发现韩国人申请的这个端午祭，其实和我们的端午节根本不是一回事。

端午祭

端午节和端午祭有很大的区别，端午祭从酿制神酒开始，民族活动包括竞赛、歌谣、拔河、创作比赛、射箭等等，大多都是民间的娱乐活动，而端午节主要是以纪念伟大诗人屈原为主，民族活动有吃粽子、赛龙舟，它的用意是去驱毒辟邪，这是两国端午的文化差异。

中国的端午节和韩国的端午祭还有一个非常大的不同在于，我们的端午节几乎是全民共庆的一个节日，中国56个民族中有36个民族是过端午节的，而在韩国其实除了江陵之外的其他地区对端午祭已经不是很清楚了。

其实，端午祭也好，端午节也好，祭祀也好，小小的粽子也好，都只是一个文化道具、一个精神仪式，它们的真正作用都在于给现代人提个醒，让我们匆匆前行的时候回头望一眼自己的来路、温习一下自己的文化家谱。

有时候，无形的东西比有形的东西更难保护，更容易流逝。而保护那些有形的载体，说到底是为保护无形的东西服务的，这就是为什么越来越多的人开始重视“非物质遗产”的原因，也是仅在一个地域内传承的一个传统节日能够成为世界非物质文化遗产的原因。

从端午节看汉文化

端午祭

传统节日是我们汉文化中的亮点，这些节日几乎均衡地分布在全年中，千百年来为百姓所乐道，也并没有因改朝换代而消亡。

就是在那最威权的时代，把一切传统文化称之为“四旧”，进行疯狂地毁灭的时候，老百姓还是在以自己的方式，默默地纪念、传承着。

屈原，是战国时期的楚国诗人、政治家。

屈原的政治活动是和当时历史发生变革的情况相联系的。春秋时期周王朝的统治制度已不能适应社会形势发展的要求，各诸侯国先后实行了不同程度的改革。

经过长期兼并，形成了七雄并峙的新局面，其中又以秦、楚为最强。为了使楚国更为称雄，屈原希望变旧更新，他的主张一度受到楚怀王的支持。

可是，楚国的变法遭遇了重重阻力，政权主要掌握在贵族重臣手中。这帮既得利益者为了保持个人的禄位而反对变法。

当时楚国朝廷中佞臣充斥，与屈原同列的有上官大夫。

他心怀嫉妒，与屈原争宠。屈原起草宪令未定，上官大夫欲夺其稿，屈原不予，他就向怀王进谗言：“王使屈平为令，众莫不知。每不知。每一令出，平伐其功，曰以为非我莫能为也。”

怀王庸懦昏聩，不加辨明，就怒疏屈原。屈原的被疏远，根本原因在于他的政治改革计划触犯了贵族利益，遭到贵族们的中伤打击。

楚怀王死后，长子顷襄王继位，以其弟子兰为令尹。上官大夫又向顷襄王诽谤屈原，顷襄王又听信谗言，再次疏远屈原，并把他流放到江南地区。他为去故乡而就远，辗转流离在沅、湘一带大概有九年之久。

最后，在无可奈何之中，他自沉于汨罗江中，以明其忠贞爱国之怀。相传当屈原投入汨罗江中后，百姓便四出寻找屈大夫之身，怕鱼食屈原，于是把米包成粽子纷纷投入江中，望鱼儿食了粽子而保全屈原之身。

更有健壮农民者，划快船沿江上寻找。然滔滔江水，哪有屈大夫之影子？乌呼！奈何？于是每年到了屈大夫投江之日，即五月初五，百姓都自觉发起纪念他的活动，因此包粽子、划快船便沿袭成风，称为端午节也！

而此时的南方，正是准备插秧的时节，农民有一种乐一乐再进行大忙的心理，所以慢慢地端午节又演变成喜庆加缅怀的节日。在以后的岁月里，快舟又变成龙舟成为现时的端午节所见到的。中国按农历分布沿袭的节日很多，然而为纪念一个人，几千年来相沿成袭而成为一个节日，唯此一个，可见屈大夫之在人们心目中的崇高地位。

端午美食图

有人说中国农民保守，古时的变法亦就是今时的改革。试想当时农民为何崇敬屈原？皆因屈原的变革深入人心，使百姓受益，因而受百姓之尊敬。

在端午节中，另有一个民俗，那就是百姓喜欢喝雄黄酒。孩童到了端午，都兴高采烈。

大人给他们额头上涂上雄黄酒，条件稍好的家庭，孩童还要穿上雄黄衫，一种用兽面作图案缝制的衣服，孩子们穿上这种衣服

端午祭礼

蹦蹦跳跳，煞是滑稽。

那时的端午节早晨起来能吃上咸鸭蛋、粽子，中午能喝上雄黄酒，是一种非常不错的生活，现在回想起来还是童趣无限！

民间流行喝雄黄酒，还有一段优美的传说：相传白娘子与许仙成婚，受到法海法师阻挠，法师叫许仙在端午节偷偷让白娘子喝上雄黄酒，结果白娘子不胜酒力，醉后显形千年白蛇，吓死许郎。

白娘子酒醒后不得已而去昆仑山盗仙草，以救丈夫。

端午节过后，盛夏来临，民众为驱除病毒，所以用喝雄黄酒，烧艾草等等以“避邪”，其实也是民间一种除疫措施而已。后经现代医学证实，雄黄对人体不利，所以现在很少有人喝此酒了。

中国传统节日都包含着美丽的传说与人民美好的愿望，发扬传统节日，是一种对汉文化的美好传承。有些节日在周边国家也沿袭成风，相对龙的子孙也好，龙的邻居也好，民间乐意传承是件好事。

当今文化高度发达，经济条件日渐优越，逢上传统节日，民众喜庆祥和，休养生息，是一种社会文明的表现。

挖掘祖国文化，并且发扬光大，是每个龙的子孙的优良传统，它跨越了政治的范畴，能使华人更加团结，血脉相承，使我们的汉文化更加博大，且源远流长。

端午节的文化内涵

农历五月五是端午节，与春节、中秋节并称为中国的三大传统节日。中国端午节的传统习俗可分为三大部分：采药祛病、驱毒避邪；保生护命、爱国为民；龙舟竞渡，追思先哲。

端午节在传入日本后，其文化内涵与日本的社会、文化相结合，在秉承了驱毒避邪、保生护命的文化内涵的同时，抛却了龙舟竞渡、追思先哲的文化意义，进而演变成为了祈祷男孩健康成长的“儿童节”。

农历五月五日是端午节，端午节亦称“端阳”“天中节”“女儿节”“诗人节”“龙船节”“解粽节”“地腊节”“蒲节”“重五节”等，与春节、中秋节并称为中国的三大传统节日。端午节在当代社会已成为一个国际性的节日，日本的端午节即传自中国。

仅以所引诸多命名，就可见端午节起源之复杂。

一是纪念屈原。南朝梁吴均的《续齐谐记》曰：“屈原五月五日投汨罗而死楚人哀之，每至此日，竹筒贮米投水祭之。”这是百姓中最流行的说法。

兰草

端午节时值春夏之交，其习俗活动有丰富的文化内涵。

端午节时值阴历五月，气候潮湿多变，此时人体免疫力最低，也是瘟疫流行的季节。鉴于五月多禁忌，民间便相应产生了许多防瘟避疫的习俗。

《养生要集》曰:“味苦,小温,生汉中南郑山谷,五月五日采之。”孙思邈《千金方》记载:“五月五日取葵自微炒为末,患淋者食前温酒服一钱,立愈。”

另外,《艺文类聚》卷四引《夏小正》曰:“此月畜药,以蠲除毒气也。”人们为了顺利度过这个恶月,采药来驱除毒气。兰草在古代民俗观念中有避邪的功效,以兰草煎汤沐浴是古代一种常见的祛病方法。江苏《如皋县志》:“端午采泽兰煎汤沐浴,昔人所谓浴兰汤者是也。”

南朝宋盛弘之《荆州记》说:“香兰乃香草,能辟不祥。”在门上悬挂艾营,是另一种驱邪的方法。《荆楚岁时记》中写道:“五月五日,四民并蹋百草,又有斗百草之戏。采艾以为人,悬门户上,以禳毒气。”

避兵灾是端午节的另一节俗。历代的战争给百姓带来无尽的灾难,因此,人们在端午节的各种活动中对避兵灾寄予了理想。

《荆楚岁时记》谓五月五日以“五彩丝系臂,名曰辟兵”,即指五彩丝有避兵灾的用途,故五彩丝亦名“辟兵增”。

晋葛洪《抱朴子·杂应》说“以五月五日作赤灵符着心前”,可以避五兵。

在《仙药》篇中又谓在五月五日日中时取万岁蟾蜍,“阴乾百日,以

包粽子

鲤鱼旗

其左足画地，即为流水，带其左手于身，辟五兵，若敌人射己者，弓弩矢皆反还自向也。”

这些带有超现实性质的理想，其实寄予了人们对战争的恐惧和厌倦、对和平生活的无限向往。

龙舟竞渡活动是将端午节推向高潮的节目，宋代词人杨无咎《喜山溪·端午有怀新淦》词云：“崇仙岸左，争看竞龙舟，人汹汹，鼓咚咚，不觉金乌坠。”

端午节在日本的传承

阳历五月初五是日本的“端午句”，在日本古时又称“曹蒲节”。

端午节是奈良至平安时期由中国传人日本的。古代日本端午节的习俗大体上仿效中国风俗，日本对中国端午节文化的传承情况大体可分为以下两个方面。

在端午节使用营蒲这一行为出现在中国的《荆楚岁时记》等诸多图书之中。在日本奈良时代的天平胜宝五年，该书开始被日本的贵族阶级所阅读。

《荆楚岁时记》对日本的节日活动产生了很大的影响。端午节原先是宫中的节日活动，之后作为贵族阶级和神社、寺院的庆祝活动而传到了地方，并最终成为一般民众在家里举行的庆祝活动。

在一千两百年后的今天，“端午的筋句”，即端午节使用菖蒲的民俗依然保存着。

据史料记载，推古、皇极等各朝皆在五月初五举行特别仪式，即采草药和骑马射箭两项。在平安时代，宫廷举办的节俗活动日趋隆重。

每年节前，天皇都要降旨采集菖蒲、艾篙等应季植物，各地官府则组织人员采摘并进献宫中。届时，宫中屋稽上遍插菖蒲，柱子上张挂香囊，室内装饰菖蒲、艾篙编织的花轿，御用裁缝编织首蒲冠进献天皇。

此外，天皇还要在宫中设菖蒲宴，赴宴官员头戴御赐的菖蒲冠，席间饮用雄黄酒，吃五色粽子，宫女们则要换上中国式服装侍候左右。这是因为人们普遍认为菖蒲的芳香可以袪除恶魔和瘟疫的缘故。

在现代的日本社会，每逢端午节临近时，人们会在屋檐下挂上菖蒲；孩子洗澡时，家长会在小孩子的头上缠绕菖蒲叶，希望孩子健康成长；有些妇人还会将其挂在头发上，或作为钗头。

营蒲本身有浓烈的挥发气味，悬于门上或插在头发上，可消除异味，清洁空气，有益人们的健康。

古代日本举行的端午活动，其意义是以悬营蒲等为表现形式的“保生护命”。从飞鸟、奈良一直到平安时代，古代日本所举行的端午活动，大都出于“保生护命”的目的，基本上保持着中国端午的特色。

尽管飞鸟时代的节俗内容尚不完整，但人们已经意识到端午节的

菖蒲

端午习俗

意义并试图模仿。到了平安时代，端午节开始从一个非定期性节日发展为一年一度的定期性节日，并逐渐从朝廷普及到民间，节俗内容也随之愈益丰富多彩。

日本于昭和23年7月制定了《关于国民节日的法律》，将端午节的名字改为“子供”，成为现代日本的11个法定节日之一，全国放假一天。

在这一天，全国各地举行各式各样的以孩子为中心的活动。另一方面，作为“端午箭句”，祈祷男孩子健康成长的民俗活动也进行着。

值得注意的是，中国南方的龙舟竞渡，一直没有出现在古代日本的端午活动中，直到德川时代竞渡才开始出现在长崎等地区，属于地方性节俗。

据此可以推断，传入日本的端午习俗可能源自中国端午的北方系统。龙舟竞渡自端午节俗中的脱落，意味着端午节的文化内涵中以屈原为对象的“追思先哲”意义在日本的消逝。然而其骑马射箭、崇尚武力和挂鲤鱼旗、祈求健康等含义则发展了出来。

飞鸟时代的端午骑射由宫廷独自举办，到平安时代已经发展成为宫廷和贵族们都要举办的大规模的节俗活动。骑射之仪，是天皇在“武德殿”观看左右近卫府军骑马射箭的仪式，赛事在五月三日至六日间进行。

参赛马匹由亲王、公卿们进献，数目依爵位之高低而有所不同。仪式结束后，乐队奏雅乐，获胜一方向天皇献舞谢恩，失利一方则将马匹如数献给天皇。除了宫廷举办的骑射之仪外，贵族们还要在私宅举行骑射比赛，其场面之热闹并不亚于宫中。

平安时代的骑射目的是为了比武练兵，这与应季植物“菖蒲”有关。菖蒲叶子扁平，上尖下宽，形状似剑。

镰仓时代的人们注意到这一特征并发现汉字“菖蒲”的日语读音与汉字“尚武”和“胜负”的读音相同，于是，菖蒲成为了日本端午节不可或缺的植物，端午节也倍受武士阶级的青睐，被称为“尚武之节”。

这一名称的改变，除了语音相谐这个原因外，还有一个不容忽视的因素，即新兴的武士阶级继承了宫廷骑射的传统，并为之注入了反映自身生活的内容。

端午节俗中原有的关注儿童的因素逐渐与日本固有习俗融为一体，日本端午从一个全民性的节日变异而成了一个男儿之节。

鲤鱼旗，是一种布制或纸制的圆筒空心上绘鲤鱼图案、可随风飘舞的旗状物。它分为蓝、黑、红三种，蓝色为主，黑、红色为辅，分别代表男儿及其父母。

鲤鱼旗出自德川时代的市民町人阶层并深受武士阶级的欢迎，其寓意有三：其一是向社会宣示竖旗人家未来战士的人数。

其二与中国的传说“鲤鱼跳龙门”有关。古代传说黄河鲤鱼跳过龙门，就会变化成龙。由此比喻逆流前进、奋发向上；或比喻中举、升官等飞黄腾达之事。

龙舟竞渡

《埤雅·释鱼》记载："俗说鱼跃龙门，过而为龙，唯鲤或然。"清李元《蠕范·物体》："鲤……黄者每岁季春逆流登龙门山，天火自后烧其尾，则化为龙。"

尽管德川民众也从这个传说中汲取了类似的内涵，但在没有科举考试和文官制度的德川日本，逆流前进、奋发向上的结果，并不意味着读书人的金榜题名或官场角逐者的升官发财，而是意味着追思祖先的武功，祈求神灵保佑男儿健康成长，成为像武士那样勇猛善战的英雄。

鲤鱼旗的第三个寓意是赞美勇敢无比、临死不惧的人生态度。这个寓意取自"离水鲤鱼"的特性。

鲤鱼离水后，几乎不做任何挣扎，即使放在砧板上也一动不动，甚至身受刀伤也依然不动。这种从容就死的凛然态度，深受武士阶级的赞赏，因为他们崇尚危难之际能够镇定自若地献出生命的勇敢精神。

在中国文化中，鲤鱼是吉祥和勇敢的象征，但这种勇敢并非取自离水鲤鱼的特性，而是取自它不畏艰险、逆流而上的坚定信念与来到龙门前奋起一跃时的决然态度。

同为鲤鱼，一个象征着幸运与生机，一个象征着痛苦与死心，鲤鱼的文化内涵中日两国也大有不同。

传入日本时以"保生护命"为目的的中国端午节，经过自古代起日本社会的长期改造，最后变成了一个以实战练兵、炫耀武力为目的的"尚武之节"。

从中可以看出：节日习俗等外来文化，始终是在以日本传统文化为主体的前提下被改造和吸收。

端午节在传入日本后，其文化内涵与日本的社会、文化相结合，在秉承了驱毒避邪、保生护命的文化内涵的同时，抛却了龙舟竞渡、追思先行的文化意义，进而演变成为了祈祷男孩健康成长和农业丰收的"儿童节"。

既然中日两国文化本质上形同而神异，似同而实非，那么以探求两者差异为目的的日本研究,便显得格外重要,这也是我们了解日本社会与文化特色的一个关键所在。

流传至今的端午节赛龙舟

赛龙舟是端午节的一项重要活动,在中国南方十分流行,它最早当是古越族人祭水神或龙神的一种祭祀活动,其起源有可能始于原始社会末期。

赛龙舟是中国民间传统水上体育娱乐项目,已流传两千多年,多是在喜庆节日举行,是多人集体划桨竞赛。史书记载,赛龙舟是为了纪念爱国诗人屈原而兴起的。

由此可见,赛龙舟不仅是一种体育娱乐活动,更体现出人们心中的爱国主义和集体主义精神。龙舟船的大小因地而异。

比赛是在规定距离内,同时起航,以到达终点先后决定名次。中国各族的龙舟赛略有不同。汉族多在每年“端午节”举行,船长一般为20~30米,每艘船上约30名水手。

龙舟一词,最早见于先秦古书《穆天子传·卷五》:“天子乘鸟舟、龙

端午节时的民间活动

舟浮于大沼。”

预《九歌·湘君》中“驾飞龙兮北征，邅吾道兮洞庭”“石濑浅浅，飞龙兮翩翩”，学者们也认为“飞龙”即龙舟。《湘君》即描写湘人驭驾龙舟，将玉佩沉入江中，与抛踪子入江相仿悼念某位历史人物之诗。

这即与“魂舟”暗合，与楚国《人物御龙帛画》之像暗合，可互为印证。《荆楚岁时记》载：“五月五日，谓之浴兰节。”

龙舟，与普通船只不太相同，大小不一，桡手人数不一。如广州黄埔、郊区一带龙船，长33米，路上有100人，桡手约80人。南宁龙舟长20多米，每船约五六十人。

湖南汨罗县龙舟则长16～22米，桡手24～48人。福建福州龙舟长18米，桡手32人。龙船一般是狭长、细窄，船头饰龙头，船尾饰龙尾。

龙头的颜色有红、黑、灰等色，均与龙灯之头相似，姿态不一。一般以木雕成，加以彩绘也有用纸扎、纱扎的。

龙尾多用整木雕，上刻鳞甲。除龙头龙尾外，龙舟上还有锣鼓、旗帜或船体绘画等装饰。如广东顺德龙舟上饰以龙牌、龙头龙尾旗、帅旗，上绣对联、花草等，还有绣满龙风、八仙等图案的罗伞。

一般龙舟没有这么多的装饰，多饰以各色三角旗、挂彩等。古代龙舟也很华丽，如画龙舟竞渡的《龙池竞渡图卷》元人王振鹏所绘，图中龙舟的龙头高昂，硕大有神，雕镂精美，龙尾高卷，龙身还有数层重檐楼阁。

如果是写实的，则可以证古代龙船之精美了。又如《点石斋画报·追踪屈子》绘芜湖龙船，也是龙头高昂，上有层楼。有的地区龙舟还存有古风，很精美。

赛龙舟，是端午节的主要习俗。相传起源于古时楚国人因舍不得贤臣屈原投江死去，许多人划船追赶拯救。

他们争先恐后，追至洞庭湖时不见踪迹。之后每年五月五日划龙舟以纪念之。借划龙舟驱散江中之鱼，以免鱼吃掉屈原的身体。竞渡之习，盛行于吴、越、楚等国。

重塑端午等传统节日的重要性

从史籍上看，“端午”二字最早见于晋人周处《风土记》：“仲夏端午，烹鹜角黍”。端午节是中国汉族人民的传统节日。

这一天必不可少的活动逐渐演变为：吃粽子，赛龙舟，挂菖蒲、艾叶，薰苍术、白芷，喝雄黄酒。据说，吃粽子和赛龙舟，是为了纪念屈原，所以解放后曾把端午节定名为“诗人节”，以纪念屈原。至于挂菖蒲、艾叶，薰苍术、白芷，喝雄黄酒，则据说是为了压邪。

端午节是一个非常伟大的节日。

一说端午节来源于五千年前对夏至这一天文现象的发现，这是中华民族对人类的伟大天文发现。

粽子

一说古代人民通过观察太阳得出24节气，通过观察月亮得出阴历12个月份，然后将阴阳历结合，用干支计年，端午是农历五月初五，体现了这一古代发明。

一说端午还来源于古代吴越民族对龙的崇拜，体现了天人合一、多元一体、和而不同的哲学思想，端午赛龙舟体现的是天行健、君子以自强不息，挂艾草、挂菖蒲，表现了地势坤、君子以厚德载物，端午是一个提倡孝和善的节日，体现了中华民族的传统。

一说端午节还体现了中华民族的伟大情怀。随着历史的发展，从魏晋南北朝时期开始，人们将屈原、伍子胥、勾践、孝女曹娥、道教人物张天师和钟馗等人物故事叠加到端午节中，上世纪四十年代，在国难当头时期，端午节又被公认为诗人节，使得端午的文化更加厚重。

因为被赋予了众多的文化因素，端午节的民俗也十分丰富。

民俗学家赵书逐一解释说，作为诗人节，端午节时第一要祭神、祭祖、祭先贤，第二要背诵经典诗篇。

在古代，农历五月五又被认做是恶月恶日，因为70%的人去世时间在夏至后的三伏天气，所以要端午辟邪。端午节还是卫生节，需要兰汤沐浴和去五毒。

作为体育节，端午有两大民俗，一是南方要赛龙舟，这在北京叫划龙舟，只作为一种表演。

从辽代、金代开始，北京的端午节就流行一项名为踢石球的体育活动。此外，端午还是一个社交节，也叫女儿节，古代讲究在端午送五种礼，端午节也是美食节，主要是吃粽子、五毒饼、玫瑰饼。

在洋节当道、西方文化一边倒的现在，重塑端午等中国传统节日传统，对追溯中华民族的人文基因，加强民族凝聚力，重塑中华价值观，甚至凸显中国在世界的文化地位，都显得愈加重要。

2004年，韩国将“江陵端午祭”列入国家遗产名录，之后被联合国教科文组织宣布为“人类口头和非物质文化遗产代表作”，国人深受刺激，端午申遗火热“提速”。

2006年，“端午节”与70项民俗一并成为中国的国家级非物质文化遗产，2008年，端午节正式成为法定节假日。

迷你知识卡

瘟疫

人类历史从古至今，人类遭遇了无数的瘟疫，对人类后代的影响巨大的有黑死病、鼠疫、天花、流感等。

第五章

端午节不仅仅是汉族的节日

少数民族的万“粽”风情

端午节作为中华多民族的民俗大节，除了自古以来的避瘟驱毒、防灾祛病的积极含义外，还掺杂了不同地方、不同民族的风俗色彩，体现着不同民族文化的融合和差异，文化遗产符号和内涵十分丰富。

像汉族过端午的习俗有吃粽子、赛龙舟、插艾蒿、系五彩线等；四川小凉山的彝族群众在端午节这一天的习俗是采集草药，做防病治病之用。

仫佬族过端午要抬着纸船到田间赶走害虫，祈祷禾苗成长；贵州苗族端午节除举行赛龙舟外，还举行踩鼓舞、唱歌、赶山等活动；藏族

粽子图

用歌舞庆祝端午

民间过端午节，青年男女到郊野游乐，进行赛马、歌舞、游戏等活动。

粽子是端午节传统特色食品，但不同民族吃出了各自花样。汉族最早是用新竹筒盛米煮成筒粽，后来才改用楝叶、菰芦叶、竹叶、苇叶裹黏米成尖角心形状，煮熟后食用。

瑶族的粽子常用糯米配腊肉条、绿豆，形似枕头，也有人在糯米中加红糖、花生等制成素馅凉粽子。

毛南族把端午节亦称为“药节”，他们用艾叶、菖蒲、黄姜等草药作馅包粽粑食用；畲族群众一般用箬叶将糯米包成四角，用灰碱水煮熟后，用龙草捆扎，10个一串，可存放半月。

云南吃竹筒饭，古已有之。那时，上山打猎，出远门做活，不便带锅带碗，只能就地取材煮制竹筒饭。

而今，得到竹筒饭精髓的竹筒粽子色美味香，应该算是云南少数民族的特色粽子了。用新鲜的金竹、香竹、薄竹、甜竹的竹筒做容器，在每一节竹子中盛水盛米盛配料，一般用宽大的蕉叶、粽粑叶封口，

壮族服饰图

米可用糯米或香米。

先把两头带结的竹筒，纵剖开，将每节中另一半的节结敲掉；糯米用清水泡四小时以上，加入所有调料和鸡肉，腌半小时以上；笋尖、香肠均切粗粒；银耳切碎；竹荪横向切圈。

半小时后将所有用料全部放碗里拌匀，把糯米装入没敲节结那一半的竹筒里，稍压紧实。盖上另一半竹片，再用绵线缠绑住，立于火中烧。待闻到米饭香味之时，即可剖开竹筒吃。

壮族每年的农历五月初五，大部分地区的壮族都过端午节。

这一天壮族人民用糯米包成各式各样的粽子，煮熟后自己食用。有的地方将粽子一些投入江中，以祭奠诗人屈原的英灵；有的把雄黄酒喷洒到房屋的四周，说是可以辟邪；有的则喝雄黄酒，或者用雄黄酒洗澡，表示消灾；有的地区则用艾草、枫叶或茅草插在门口上，说是可以驱邪等。

靠近江河边的壮族，则举行赛龙舟活动。居住在云南文山地区的一部分壮族在端午节这天则杀鸡、宰鸭、鱼等来祭奠伟大的屈大夫，就像祭奠自己的祖先一样。

壮族粽子分为“母粽”和“子粽”。一般过年包“母粽”，重有几斤，用于祭祀，吃时用粽子绳勒切断成一片一片的，可沾白糖等佐料吃；端午包“子粽”，模样和汉族地区差不多。

春节祭祀包“母粽”用的叶子是柊叶，一种普遍生长于岭南、云南的竹芋科植物，其叶如芭蕉，常用于包裹物品。

“柊叶”最早就载于清人的《南越笔记》：“有柊叶者，状如芭蕉叶，湿时以裹角黍，干以包苴物，封缸口，盖南方地性热，物易腐败，惟柊叶藏之可持久，即入土千年不坏”。

粽子

桂中地区喜包形状酷似枕头的大枕头粽。桂中地区的大枕头粽一个用上半斤至一斤米，而桂林地区喜包一斤米可做六七个粽子的小枕头粽，桂林以北则喜包形状恰似狗头的狗头粽。

在粽子包制过程中的配料方面又各有特色。如桂林人包粽子喜加点碱粉，使煮熟的粽子产生碱香味；而全州人包粽子喜欢用稻草灰水浸泡糯米，用这种方法包制出来的粽子既有适中的碱香味，亦有诱人食欲的色彩。

广西壮族出现过最大的粽子，它是将芭蕉叶垫在一个特大的方形笼格中，内放50千克淘净并拌有酱油的糯米，再拌切成小方块的猪肉，上面再覆盖一层芭蕉叶，隔水蒸。

每年旧历六月的第一个亥日，是云南曲靖师宗黑尔壮族一年一度的粽子节。关于粽子节，在黑尔一带有一个古老的传说：古时候的黑尔，到了六月间，不知哪里来的害虫，“吱喳吱喳”接天连夜，把稻谷啃光，使将要成熟的稻谷慢慢枯死。

壮民们用棍子打不了这么多的害虫，只得背起大竹筒，把害虫一个一个地捡进去，异常艰难地从虫的口中夺粮。村里有一位孤寡老人，因敌不住虫子的侵害，整日坐立不安。

六月亥日那天晚上，老人和衣睡下，梦见一个须发皆白的仙翁在糯米中间放进像小虫模样的肉条，用竹叶包起来放在大锅里煮吃，并告诉老人，如此庄稼可免遭虫害。

老人醒来后，照着做了，果然，稻叶上的害虫像放在锅里煮过一样掉在水里死光了。从此以后，黑尔的壮族人民每年旧历六月第一个亥日，家家户户包粽子吃，祈求粮食丰收。这个粽子节与五月端阳节不相同，粽子里包肉条，也算独具特色。

西双版纳傣族的端午节被当地人称为“粽包节”，据说是为了纪念一对因婚姻遭父母反对而殉情的青年男女。在这一天，凡未婚的傣家小伙子都要拿着粽包，与姑娘们相会在大龙潭的芒果树下，男女围成圈，姑娘唱起情歌，小伙子吹叶子伴奏。

然后小伙子把粽包送给中意的姑娘。有的地方粽馅由笋肉加上

腌酸的糯米，再配上其他香料和熟油泡制，再用热水焯过的芋头叶子包成正方形，味道非常特别。

德宏傣族的端午节，没有龙舟竞渡，不喝雄黄挂艾草。粽子和咸鸭蛋是端午节必备的食物。黑色的香草粽子是最让人期待的端午节诱惑。

先把糯米放到水中泡软，然后把水倒掉晾干。田埂上或者河边长的青茅草，透着一种清香，用镰刀割来一把，烧成一堆草灰。将这些香草灰放入泡软的糯米中搅拌，米就被染成了黑色。

再在糯米中放入适量的油和盐，有时放入少量的八果、胡椒粉末等，使糯米煮出来更香。粽子馅，通常首选肉馅。

包糯米的芦苇叶在河边或菜园里处处可见，采来几十张叶子捆成一坨放在锅里用开水煮到泛黄，清洗干净即可用。捆粽子的细绳是由棕榈树的叶子撕成条状而成。

玉溪新平的花腰傣族人家在五月端午节都要包五豆筒粽吃，这已形成传统。

好吃的粽子

粽子以绿豆、红豆、花生、糯米等为原料，不仅美味，还清热解毒、消暑祛湿、健脾和胃，非常适合夏天食用，老幼皆宜。顺手从家门口芭蕉树干掉的茎杆上撕下来的细绳，就是捆粽子的线。

其制作方法是在糯米里加入适量花生米、绿豆、红豆，搅拌均匀。用小竹棍把柊叶卷成叶筒，再用细线扎紧，不能太饱满，也不能太松软，因饱满会煮炸，太松软会煮稀，抽出小竹棍，再把已经

五色豆

拌匀的糯米装入叶筒中，用线扎牢。用竹筒模子牵线，把粽子包成圆柱型，尺寸就得依照柊叶的大小。

泡水后煮熟，即可食用，可单一食用，也可蘸红糖粉末或白糖吃，别具风味。大部分花腰傣人家在端午节前包粽子，如果包的数量较多，一次吃不完就先泡在水里，留在稍后几天煮食。

云南曲靖富源的古敢水族人家过年过节或逢吉庆喜食糯米，用糯米舂粑粑，磨成米粉做汤圆，用棕粑叶或竹叶包粽子。

水族粽子俗称粽粑，分白、黑两种，尤以黑粽粑独具风味，制作时把洗净滤干的糯米用糯稻草或苏子秆烧成的净灰染成黑色，簸去余灰，然后将腌肉丁掺着香料包在其中捆扎煮熟，味道香甜，口感滑爽，是待客的佳品。

每年端午，贵州荔波联山湾一带的布依族家家户户都飘溢着甜丝丝的草灰黑粽子清香。草灰黑粽子是该地区民间很受欢迎的美食之一。

人们常说"民以食为天，食以黑为补"。在很多年前，布依族人民就已经食用了黑色食品，草灰黑粽子就是见证之一。联山湾食用草灰黑粽子的习俗世代传承，据说常吃黑粽子可预防疾病、延寿美容。

草灰是用一种当地叫"羊耳草"的植物叶烧成的。这种羊耳草的叶是对生、呈淡绿色和长有细毛，大小形状像羊的耳朵，故羊耳草因此得名。

羊耳草带有强大、刺激的香味，味道像茴香又有诱人的芳香，它是一种具有药用植物和香料植物共有属性的植物类群。每到端午节的前几天，人们便纷纷上山采摘羊耳草，回家晒干或烘干后用火烧成灰，然后再与糯米掺和包成粽子，再用农家鼎罐焖熟。

开始焖的时候是用急火，待水开后即改用文火焖3～4小时即可食用。加羊耳草灰焖出的粽子滋味佳，其口感稣软，味香远，入口丝甜，经常食用不但可以增加食欲，丰富饮食趣味，而且还具有一定的食疗作用。

布依族的草灰黑粽子在制作式样上分为枕头粽、三角粽、四方粽、锥形粽、背妹粽、挂锁粽等等，形状精巧美观，其大小也因人喜好而异。

有的长过一尺，有的大如小腿，有的细如鸡蛋，五花八门应有尽有。制作原料也随人们保健意识的提高而增加了红豆、绿豆、土豆、红枣、紫米、红高粱等，品种繁多，花色俱全。

粽馅随着人们生活的改善花样也逐渐多了起来，除了放猪肉外，有时还放上米虾、鱼鳅、螃蟹钳等地方土特，使黑粽清香独具特色，更显大自然的味道，形成了布依族多姿多彩的草灰黑粽系列。

五色粽是海南苗族同胞家庭团圆吉祥的象征。据民间传说，很久以前苗族祖先居住在黄河流域，由于苗族头人的残酷压迫和剥削，五兄弟无法忍受被迫逃难。

在逃难时约定于农历三月初三到海南岛五指山相会。五兄弟历尽艰险，漂洋过海，跋山涉水，按时到了五指山。

端午习俗

于是，他们高高兴兴地点起篝火制作五色粽，以庆祝兄弟团聚。从此，他们就在海南岛居住繁衍，五兄弟改为五姓，故现在海南岛的苗族只有李、邓、金、蒋、马五姓。

每当农历“三月三”苗族同胞家家户户都制作五色粽，以示对先祖的怀念和家庭团圆。

制作五色粽，要把糯米用猪油或花生油炒至有香味，取出分别装进五个盒子里。然后用野生植物的叶液将五盒糯米，分别染成红、黄、蓝、黑、白五色。

再加入腌好的野味，如山猪肉、黄肉、鹿肉等或家禽肉。接着就用树叶或芭蕉叶包裹，每种颜色的糯米包一种，再用麻绳捆住。

粽子呈圆柱形，大小随意。煮粽子时，水要浸没粽子，如果分多锅煮，五种颜色的粽子每锅都要有，其意寓吉祥。煮约两小时，粽子发出浓郁的芳香时就可取出食用了。吃五色粽分热吃和冷吃两种。

初出热锅的五色粽，香味回溢，诱人口水欲流。拆开叶子咬上一口，只觉得软滑粘牙舌头甜畅，满口清香，令人吃欲大增。冷的粽子，渐渐变硬，慢慢吃可给人一种醇香的味道，吃过后嘴里还久久留有吞不进肚，吐不出口的余味。

毛南族也过端午节，但节日的意义与汉族不同，民间称为“药节”。过药节时，习惯采艾叶、菖蒲、黄姜等草药熬水饮汁，或用这些草药作馅包粽食用。民间认为端午吃这种包馅粽粑可以解毒去病。

五月端午为“药王晒药日”，故当日家家户户都上山采集中草药材备用或加工出售，在门窗悬挂艾叶、菖蒲等以除毒去邪。同时，用干柚皮、桔子皮、苍术、白芷、烟叶等混合燃烧，对室内烟熏火燎，“净化”空气。

晚上，则用菖蒲、艾叶、大力王、茅根、苦藤、柚叶、黄皮果叶、枇杷叶、路边青、田基黄、葫芦茶等煮成一大锅，用来沐浴以治病防病。

毛南族在端午节吃凉粽药粑。用稻草灰浸水，滤去渣，取碱水泡糯米，并掺入少量硼砂，然后用竹叶包裹成粽，呈三角、四角扁平状，煮熟晾干，即可食用，也可保留长时间。

民间过端午节

食时剥掉竹叶，盛于碗内，再以蜜糖或黄糖煮稀做佐料，拌匀而吃，爽口香甜。

药粑做法：将糯米浸水混姜片、大败叶磨成浆，吊干，用竹叶裹住蒸熟食之。或将糯米泡在药水内，取出做成药粽子。毛南人在端午节还有包无馅小凉粽分送亲友邻居的习俗。

端午节满族人称“单五节”。满族人过端午节是为了祈福禳灾。五月初五满族人讲究房檐上插艾蒿以防病，还讲究到郊外踏露水，据说用这天的露水洗脸、头和眼睛，可以避免生疮疖、闹眼病。

端午粽子是用苇叶包裹的黄米小枣粽子。也有人家用江米和黄米与小枣合在一起，叫二米粽子，味道与南方的粽子截然不同。粽子的内壳是用硬纸叠成的，一般在2厘米左右，外面缠上五彩丝线，连成一串。

五彩粽是很有地方特色和民族特色的民间手工艺品，为节日带来祥和的气氛。粽子是一种节日礼品，可包入多种果料，也可以包清水粽，既是节令食品，也可以当正餐。

畲族端午节俗称“五月节”。每年农历五月初端午节前夕，畲族姑娘们便三五成群，背着竹篓沿溪流逆流而上，“叽叽喳喳”一路欢歌笑语，唱着山歌在河畔、山岗采摘菖蒲、野艾、箬叶。

畲民还会在田间地头找来一种叫“鸡蛋草”的植物茎叶，放在煮鸡蛋的锅里，这样煮熟的鸡蛋不仅香味清新而且蛋壳呈现红色，他们称作红鸡蛋，让孩子吃了寓意“红红火火，身体健壮”。

畲民过端午节，家家户户大门两侧要插菖蒲和艾蒿，代表旗、剑，用来避邪。畲民用雄黄调米酒，在小孩额头上划个王字避灾，然后把雄黄酒洒在室内室外、房前屋后墙根驱邪祛毒，并边洒边唱着古老的

畲语歌谣："五月初五端午节，虫虫豸豸门外歇"。

裹粽是端午节的重头戏，畲族粽子民间称"牯角"，乃用箬叶将糯米包成四角，再用龙草捆扎，十个一串。有的人家还要在包粽子时加入菜、肉、红枣等做馅。

煮粽常用灰碱水，粽子煮好后，色黄气香，可存放半月。有小孩的人家还要裹些鸡婆带鸡仔粽给小孩子们玩耍，一只大粽三个角吊三只小粽，先把"黄金柴"垫在沙锅底，再把裹好的粽放在锅里面用山泉水加旺火煮5～6小时起锅即成，这样煮熟的粽不仅粽香扑鼻、颜色金黄，而且可口好吃。

畲族出嫁的姑娘，每到端午节都会带上自己亲手裹的粽子回娘家拜望父母。

瑶族粽子，亦称瑶族粑粑，是瑶族过年过节必备的食品。其制作方法是：将糯米洗净放入适量的腊肉、花生和一些调料，掺拌均匀；用几张棕榈叶将上述原料包成长约20～30厘米、重约1千克的圆柱形粽子，外用粗线牢捆紧；将粽子放入大锅内慢煮约24小时，熟后即可食用。

瑶族粽子可以保存较长时间，是瑶族人民在重大节庆期间招待客人或馈赠亲友的佳品。

另外瑶族还包枕头粽，先将糯米以食盐、草果粉调味，再配上绿豆、腊肉条，或红糖、花生仁等拌和，最后再用竹箬包成枕头状，有小猪崽般大小，可供一家人食用好几天；也有在糯米中加红糖、花生等制成素馅凉粽子的。

藏族民众

一个端午节的粽子，不同的民族就吃出了不同的花样，体现着不同的民俗民风。端午说“粽”，为的就是让您感受这各具特色的阵阵粽香。

纳西族的糖枣糯米饭。糯米饭能温补脾肺、补虚寒，而且糯米会有糯米素，含有不少的维生素，大量的磷质、钙质、铁质、蛋白质及脂肪，更加会增加人体血液中的血。

所以要特别注意，有糖尿病的人不宜进食。

藏区风景

藏族的端午节

藏族的端午节被藏民称为采花节，是藏族传统节日。流行于甘肃与四川交界的博峪一带。时在农历五月初五，节期两天。也叫女儿节。

俗传很久以前当地荒芜一片，是一位莲芝姑娘教会了人们种地，教会了人们采花治病。后来，莲芝姑娘在五月初五上山采花时失足摔死。

人们为了纪念她，就逐渐形成了采花节。采花节的主要活动是抢水、采花和祝福。

节日的早晨，人们要抢泉水洗身、饮用，俗说这一天太阳未照的泉水洗浴可以得到吉祥、饮用可祛除疾病。

接着，青年男女身着盛装，带上美味佳肴，到四十里外的阿里坎山上去采花。出发时，全村男女老幼欢歌送行，采花者则表达采花的决心和愿望。

到达采花坪，姑娘采花，小伙砍柴、支锅、搭棚，傍晚开始歌舞，直到半夜方休。第二天返回村寨时，姑娘头上插鲜花、戴花环，背满筐鲜花草药。

到村口时，全村齐聚村头，鸣枪致意，送酒送馍，祝贺采花青年归来;采花姑娘则向各户赠送礼物，并祝福。

彝族的端午节

端午节是彝族的都阳节，彝族民间传统节日。

流行于四川省凉山彝族自治州雷波及金沙江沿岸等地。时间在农历五月初五。

传说古时有一年天气炎热，彝族寨子里病疫流行。人们惊恐万分。

江边的汉族兄弟听说后就把端午节采的菖蒲、艾叶和雄黄送上山，用药给老人洗疮，用雄黄酒给阿依擦身，不几天，人们的病全好了。

后来，彝族人备了厚礼下山感谢汉族兄弟。汉族人告诉他们说，端午节的草药能治百病，还能避邪。从此，彝族也过起了端午节。

因为端午节又叫端阳节，彝语把端念成了都，所以将端阳节叫做都阳节。

彝族杨梅会

节日这天，家家户户门前都挂上菖蒲和艾叶，孩子们要用雄黄酒擦脸、青年男女还要包好粽子，带上酒和培培肉，到风光秀丽的山间草坪，进行摔跤、跑马、斗牛、斗羊、跳舞等娱乐活动。

杨梅会是彝族传统节日。流行于云南省南涧彝族自治县新民区一带和峨山彝族自治县高鲁山一带。时间在农历五月初五日。

传说很久以前，有个道人路过高鲁山一带，在山路旁种下一片瓜，并在瓜地边撒下一把细米。

后来，瓜藤变成了山脉，瓜果变成了村寨，细米则变成了杨梅。这里的人们便守着瓜地繁衍生息、世代相传。

到农历五月初五杨梅熟透的时节，人们便聚会到山上，一边采摘杨梅，一边尽情欢乐，以表对那位道人的纪念。

这一天，人们除采摘杨梅，小伙子和姑娘们还聚集到一起，进行对歌和跳芦笙舞等娱乐活动。一些小伙子和姑娘通过对歌交往，往往结下百年之好。

水族的端午节

水族同胞在端午节要举行赛马活动。

赛马之前，各村要推选几位德高望重的老人，骑着披红挂彩的骏

水族人过端午

马，在跑道上走一圈，谓之开道。

骑手们在比赛之前先要表演腾空跃马等高超骑技，然后再进行赛马。赛马不以名次取胜，而是比马的耐力，比骑手精湛的骑术。

此外，水族端五节有吃素的习俗。据传水族的远祖从江西迁到贵州三都地区，在此开荒种地，创家立业。

某一年的秋后，远祖的四个儿子来探望，远祖上楼取肉款待他们时，不慎失足坠楼而身亡。自此以后，水族从端午节的第一天开始，只准吃素，直至端午节结束后才能吃荤。

水族有自己的历法，水历是以阴历的九月为正月，以亥日为岁首。水族的民族节日主要是瓜年、卯年、敬娘娘节、祭桥节。

瓜年，水语叫“借端”，亦称“过端”或“端年”，是黔东南地区水族聚居区域范围最广、参加人数最多，历时最长且最隆重的节日集会，相当于汉族的春节。

瓜年起源于血缘家族的原始宗教祭奠活动，祭祀忌荤，南瓜是主要的祭品，因而有瓜年之称。瓜年是按地域分批分期过节，批次主要依亥日而定。

传说亥日是水族先祖父祖母逝世及吊丧的日子，每年从年终即水历十月的第一个亥日开始过节，依次往后推算知道水历新年二月，也即是水族的年终岁首阶段，相当于农历八月到十月，时值大季收割、小季播种的阶段，因而，瓜年是辞旧迎新，庆祝丰收，祭祀祖先和预祝来年幸福的盛大的传统节日。

主要的活动是祭祀和赛马。瓜年的头一天将室内所有炊具饮具清洗干净，打扫房屋。

黎明前，要在堂屋的桌子上摆放煮好的南瓜、豆腐、糯米饭、鱼和酒等祭品，由家长来主祭。

有的水族地区还要将铜鼓、糯禾、衣物、首饰等作为祭品，表示托运祖先洪福过上好的日子，往后将依靠自己辛勤劳动去创造幸福的生活。祭祀完成后，全家人要吃素餐，然后再挨家挨户去祝贺，并把那些祭品分给孩子们。

午饭的时候就可以开荤了，饭后就会互相的相邀去举行赛马活动。四面八方骑手云集，人山人海，场面热闹非凡。

端午节堪称是历时最长，批次最多的具有民族特色的年节，登高赛马活动是南方民族年节中独有的现象。

同时，端午节是水族斗牛、铜鼓舞、芦笙舞、对歌等诸多民间艺术起源、传承、发展的重要文化空间。

纳西族、普米族与仡佬族的端午节

纳西族每年农历五月初五的清晨，家家要吃糖枣糯米饭，喝雄黄酒。

门前插白篙、三根菖蒲及两根大麦穗。长辈要给十五岁以下的孩子绕扎五色棉线，称续命线。男孩绕左腕，女孩绕右腕。

续命线需戴一月的时间，等到六月二十七日火把节最后一天才解下烧掉。节日里，集市上还摆设药摊，出售各类名贵药材。妇女们则绣织小香包、小钱包、布娃娃、扇套、笔套等手工艺品。

转山会是普米族传统节日，亦称绕岩洞。

流行于今云南宁蒗彝族自治县普米人居住区。每年农历五月初五日举行。当地普米族群众视狮子山为女神，且为最高保护神，认为她可主宰繁殖和生育，给人间以幸福与平安。

是日，人们身着盛装，携带食品，聚集在泸沽河畔的狮子山下，唱歌跳舞，骑马射击。无论相识与否，人们都互相祝愿。

青年男女趁此机会谈情说爱，结识情侣。妇女们祈祷山神，希望多子多孙。老人们还去山洞中燃烧树枝，熏走鬼邪。

所有前来赶会的人都要去瀑布洗澡，祈求四季平安，万事如意。

神仙坡节是彝族、仡佬族、汉族等民间节日。流行于贵州省纳雍县和水城一带。

时间在农历五月初五。

传说古代时，当地有一位叫木达的小贩，他买卖公平，不欺不诈，而且有一副成人之美的好心肠。在小贩差一天就一百岁的那一天，他通知周围四十八个村寨的各族青年人到今天的神仙坡上集中，为青年人穿针引线物色对象。

后来便乘白鹤慢慢升天而去。以后人们便把这个地方叫神仙坡。每年这一天，人们都集中到这里来，纪念这位成仙的老人，并歌唱娱乐。后便形成神仙坡节。各族青年男女从四面八方聚会纳雍和水城交界地的神仙坡，举行吹芦笙、赛马等娱乐活动。

苗族的端午节

在五月初五过“龙舟节”，除举行龙舟竞渡外，还举行跑马、斗牛、踩鼓和“游方”等活动。男女青年在芦笙、竹笛、月琴等乐器伴奏下，翩翩起舞。出嫁的姑娘，在这一天要带上鸡鸭、粽粑回娘家省亲。

苗家过端午节要吃端午饭。端午饭要吃“五黄”：黄鳝、黄瓜、黄鱼、黄泥蛋和雄黄酒。因此，端午饭必备的主菜有：一大盆黄鳝汤，一碗咸鸭蛋，一碗红烧黄鱼，一碗苗家腌黄瓜，一碗雄黄酒。当然，粽子是餐桌上的必备品。

开席前，长辈先从酒碗里倒雄黄酒出来，然后挨着给每个小孩的脸上、额上、脖子涂抹。开席时，由最年长者端起雄黄酒喝第一口，然后再往下传，餐桌上的男女老少都必须喝上一口。

苗家端午

苗家雄黄酒是把雄黄研磨成粉末后，再用黄酒或白酒泡制的，泡好的雄黄酒要在太阳下晒后才能喝。据说，苗家认为晒过的雄黄酒才有驱邪、解毒的功能，身上抹上雄黄酒后就不怕蛇咬了，喝了雄黄酒，肚子里也就不会长虫了。

苗族称端午节为粽粑节。苗家的粽子很有特色，馅也很丰富，豆沙粽、鲜肉粽、腊肉粽、绿豆粽、赤豆粽等。

最令人称道的是苗家“五色粽”，他们用五种植物的叶液将粽馅染成红、黄、蓝、黑、白五种颜色，然后用芭蕉叶包裹成圆柱形煮熟。一般都是在端午节前5～10天就把粽子裹好了、煮熟了。

以前苗家还要把煮好的粽子挂在堂屋里，一是敬祖先，二是表示生活美满。苗家的粽文化很丰富，端午节前后还要围绕粽子开展系列活动，其中最有趣味的是“双人咬粽子”。

在欢快的木鼓声中，姑娘小伙两人一组，比赛分为绑腿走路、包粽子、双人板鞋竞走、咬粽子、一人离地返回等步骤，最先返回出发点的一组为胜，活动充满浓郁的民族风情。

抢鸭子比赛也是苗家村寨端午节必不可少的节目。比赛规则是，先把鸭子放入河中，比赛口令一发出，等在河边的男女便开始抢抓鸭子。鸭子被人赶着在河里乱窜，抢鸭人沿着河边追赶，谁抢抓到，鸭子便归谁。

布依族与傣族的端午节

布依族在端午节有打“格螺”的习俗。格螺形似漏斗，上圆下尖，便于旋转时用鞭抽打。格螺比赛有比凶、比久、比快三种形式。

比凶，以撞倒别人的格螺为胜；比久，以发旋后最后一个停旋者为胜；比快，抽打格螺向斜坡上前进，谁先将格螺“活”着打上坡为胜。

傣族的端午节被当地人称为粽包节，是傣族民间节日。流行于今云南省红河哈尼族彝族自治州部分地区。夏历五月初五日举行。节日里，未婚青年男女身着盛装，在村边树下围成一圈唱情歌。然后，小伙子把粽包掷给自己所看中的姑娘，若姑娘也有意，就拾起粽包，双双到附近僻静处谈情说爱，至日落西天时才离去。

土家族端午节

土家族过端午节，除了油茶汤等土家族传统食品之外，粽子更是必不可少的。在重庆酉阳土家族自治县的龙潭古镇，随处可见蹲坐在地上，叫卖粽叶和糯米的土家族人。

刚刚摘下的粽叶带着些许山林的清香气味，和着糯米甜甜的香气，让人强烈地感受到端午节的气氛。摆手舞是土家族原始的祭祀舞蹈。

每逢节日，土家族人都会打着灯笼和火把，举着五彩锦旗，身披花被面，涌入专门的“摆手堂”。

土家族摆手舞节奏鲜明，舞姿粗犷有力，内容多为表现土家族人民生产、生活和征战的场面。能歌善舞的土家族人民常常一连几个通宵跳摆手舞，庆祝节日和美好的生活。

在石柱自治县土家族人，端午节的习俗不同一般，过了初五的头端阳以后，还有十五的大端阳和二十五的末端阳。三个端午节中只有头端阳悬艾、挂菖蒲，也盛行端阳节吃粽子。

六月六是土家节日之一，它与汉族的节俗大致相同，但节俗的解释有民族特色。土家族人民过这个节日很隆重。

相传这一天，为土王遇难血染战袍之日，家家户户都晒衣裳，以纪念土王遇难。传说元朝派兵镇压当地人，民族英雄覃土王抗击官军，在六月初六这一天不幸战败，血染战袍，威武不

土家族节日舞蹈

屈,最终被杀害。

从此,每逢六月初六,土家人以晒衣服代替晒战袍,俗称晒龙袍,表示哀悼。这个节俗在土家族地区普遍保留下来,农村有俗语称之为"六月六,龙晒衣",无论怎么忙,到了六月初六这一天,家家户户都要晒衣服、书画、粮食及柜子,既用于除虫,又用于防霉。

土家族摆手舞

土家人认为这一天晒了的东西全年不生霉长虫,到现在,农村还十分盛行"晒龙袍"的习俗。

同时,不少人家还用日用盆盛水晒热,用于儿童洗浴,据说可免疮疥,这是古人顺其自然而培植起来的一个具有保健性质的节日。

土家族还把这天是否有好太阳当作农事吉祥与否的象征。俗话说"六月六日阴,牛草贵如金;六月六日晴,牛草吃不赢。"

石柱有"出端午佬"的习俗。由四人以两根竹竿抬起一张铺有红毯的大方桌。毯上用竹篾编一个骑虎的道士。敲锣打鼓,街游行。旧时,川西还有端午"打李子"的习俗。是日,成都人皆买李子,于城东南角城楼下,上下对掷,聚观者数万。

光绪二十一年因掷李与外国传教士发生冲突,此俗因而停止。乐山、新津等地端午赛龙舟时,还举行盛大商品交易会。

摆手舞是土家族原始的祭祀舞蹈,在土家人聚居的地方,有专门跳摆手舞的"廊场",土家人叫"摆手堂"。位于西水河畔的来凤县舍米湖是摆手舞的故乡。

"摆手堂"的地坪用条石镶嵌,平坦光滑。正中间栽有一棵高大的桂花树或松柏树。"摆手堂"又叫"神堂",是供奉祖先神位的地方。

每年正月初三至十五之间,人们都要到这里举行祭祀活动,摆手舞是祭礼活动中的主要内容。

摆手舞的舞蹈动作多是土家生产、生活、征战场面的再现:有表现打猎生活的“赶野猪”“拖野鸡尾巴”“岩鹰展翅”等；有表现农活的“挖土”“撒种”“种苞谷”等；有表现日常生活的“打蚊子”“打粑粑”“擦背”等；有表现出征打仗的“开弓射箭”“骑马挥刀”等。

摆手舞的舞姿粗犷大方，刚劲有力，节奏鲜明。土家人用牛头、猪头、粑粑、米酒、腊肉等供品祭祀过祖宗之后就开始起舞，从天黑一直跳到天亮，有时甚至一连跳几个通宵。

还有一种在野外举行的大摆手舞，它是一种军功战舞，规模宏大，气势不凡。少则几人，多则上万人，历时七八天不息。

大摆手舞每三年举行一次，是军事战争场面的重演。跳大摆手舞集会也是一次盛况空前的商贸交易会。

摆手舞不仅包含了土家族传统的摆手舞艺术，而且保存了土家族古老的宗教、戏剧、军事、体育等传统文化艺术。

摆手活动是一个庞大的文化活动空间，在跳摆手舞的同时有的还唱摆手歌、山民情歌，间有梯玛举行祭祀仪式和“毛古斯”表演土家族原始生活，有的还表演声势浩大的军事活动。

发展到后来，逐步融合了民间文艺、武术、杂耍等，构成了土家族地区一种群众性的文艺盛会，进而演变成土家族特有的民俗节日活动。

迷你知识卡

糯　米

糯稻脱壳的米，在中国南方称为糯米，而北方则多称为江米。是粽、八宝粥、各式甜品的主要原料，糯米也是酿造醪糟甜米酒的主要原料。

糯米含有蛋白质、脂肪、糖类、钙、磷、铁、维生素B1、维生索B2、烟酸及淀粉等。

第六章

端午节在传承中创新与延伸

古人怎么过端午节

明天是端午节。古时候这一天，是非常热闹的。在2008年端午节成为法定假日后，现代人对端午节的兴趣也随之大增。那么，古代中国人是怎么看待端午节的呢？

古人过端午

端午节，又有端阳节、端五节、重五节、五五节等十几种叫法。在大家的印象中，端午节是因为楚国诗人屈原投了汨罗江，人们向江里投食以纪念他，从而形成的一个节日。

这说法，实在是一个误解。五月初五成为一个节日，早在屈原去世前，便已经存在，并且有丰富的节日内容，其中之一是“蓄兰为沐”。

粽子图

屈原在其《楚辞》中有“浴兰汤兮沐芳华”一语，说的就是这种节俗，古人称端午节为“浴兰节”即此原因。

端午节向江里投食，最早与周代第四位国王昭王姬瑕有关。据《史记·周本纪》记载，“昭王南巡狩不返，卒于江上。其卒不赴告，讳之也。”意思是，周昭王到南方巡视后便没再回来，死于江上。这个死讯没有向诸侯通告，掩盖周昭王的死因。

这大概是古代帝王死后“密不发丧”的最早一起记载。周昭王怎么死的？据《帝王世纪》记载，周昭王实是南征楚人的过程中，坐船过汉江，结果中了船老大的诡计，船散板遇难，与两位陪侍在侧的美女一起沉江。

周昭王死后，当地人发现周昭王与两个女人的阴魂不散，常在江面上出现，人们于是在水边立祠祭祀。

东晋人王嘉《拾遗记》就此事进行了演绎：“至暮春上巳之日，禊集祠间。或以时鲜甘味，采兰杜包裹，以沉水中。或结五色纱囊盛食，或用金铁之器并沉水中，以惊蛟龙水，使畏之不侵此食也。”

将食品用植物叶子包裹起来，这正是粽子的做法。可见，最早向江里投放包裹食品，并非是为了纪念屈原，而是因为周昭王。

至于纪念屈原，一直到南北朝时才真正确立，日期也固定为阴历五月初五，并发展成为一个全国性节日。梁人吴均《续齐谐记》中是这样说的：“屈原五月五日，投汨罗而死，每至此日，辄以竹筒贮米，投水祭之。”

屈原的投江日期是有争议的，一般认为五月初五，但也有说是五

月十五。《隋书·地理志》便称，屈原是五月望日赴汨罗，“望日”即月圆的阴历十五。从这点也可以看出，端午确非屈原而起，祭祀他只不过是端午节的附加内容。

粽子在国外的“变异”

端午节吃粽子是中国的传统习俗，然而，在国外也有不同的吃粽子习俗。

端午节吃粽子可以求得风调雨顺，五谷丰登。阴历端午节吃粽子。咸粽，用糯米加虾米、瘦猪肉、红豆，再加半只咸蛋包成；碱粽，是用糯米粉加椰丝、虾米、绿豆包成菱形，蘸糖吃；肥肉粽，用糯米、肋条肉、虾米、绿豆和五香调料包成，煮熟剥壳切片而食。

菲律宾粽子是长条形，风味与中国浙江一带的粽子相同。粽子是菲律宾人过圣诞节必不可少的食物。

泰国人在每年4月泼水节或7至9月雨季时吃粽子。泰国粽子以

碱粽

长条粽

甜味为主，包粽子前，先将糯米泡在椰汁里，使之具有椰味清香。

粽子馅用椰子、黑豆、芋头、地瓜等做成，外形小巧精致，泰国粽子有蒸、烤两种吃法。泰国人包裹的粽子个头小如鸡蛋，因为是用绿色粽叶包裹，所以蒸熟后呈淡绿色，味道十分清香。

秘鲁人是在圣诞节时吃粽子，全家人围坐在一起，边欢庆圣诞节，边吃粽子，甚至已出嫁的女儿也赶回娘家，再尝娘家粽子的风味。

每逢圣诞来临，委内瑞拉家家户户包裹粽子，这已成了应节一景，届时，连平日卖点心的店铺也堆满了粽子。

这种粽子以玉米面为主料，以火腿、腊肉或香肠为馅料，还加进橄榄、葡萄干，用新鲜蕉叶包成长方形，每个重约半千米，焙干蕉叶，粽子即熟，剥开粽子，清香四溢。吃粽庆节，别有一番情趣。

墨西哥人也有吃粽子的习俗，他们把粽子称为“达玛尔”。主料是粗颗粒的玉米面，用肉片和辣椒作馅，用玉米叶子或香蕉叶子包成，别有风味。

有“粽子节”以欢庆玉米丰收，在节日中，家家户户用芭蕉叶包玉米和牛肉、鸡肉、胡萝卜、土豆、辣椒等煮熟后食用。

拉美洲的粽子有其特别来历。400多年前，西班牙殖民主义者统治了拉丁美洲的大部分地区，印第安人被迫远离家乡去服苦役。

妇女们为了让丈夫和儿子能够在路上吃到可口的饭菜，就把蒸熟的玉米粉和土豆、胡萝卜一起用香蕉叶包裹起来，作为路上的干粮。

“赶鸭子”曾是端午习俗

古人在端午之日争踏百草、采艾草挂于门户以避邪。

古老的端午习俗中，还遗留一些似乎被人们遗忘的习尚。如“赶鸭子”。

沈从文先生在《边城》里，就谈到他的家乡凤凰城那个地方，端午节那天，男人们有的唱歌，有的下河赶鸭子，通过在江水中的搏击来展示男性的雄伟和魅力，赢取姑娘的芳心。然而，这一端午习尚，似乎游离人们常见的端午习俗活动。

中国人的端午节俗，由于历史悠久，地广人众，各地形成了众多相异的节俗模式，至今尚在人们生活中流传，并为人们津津乐道的主要有挂菖蒲、艾蒿，采百草，佩香囊，沐兰汤、赛龙舟，涂雄黄，食五黄、饮雄黄酒或菖蒲酒，吃五毒饼、咸蛋、粽子和时令鲜果等。

吴地名人、西晋周处在他撰写的《风土记》云：“仲夏端午，烹鹜、角黍”。鹜，一说，家鸭。

中国先民早就发现，春夏之交的端午前后，暑毒萌发，瘟疫盛行，

赛龙舟

为达到消灾防疫的目的，古人在端午之日争踏百草，采摘像人形的艾草挂于门户等各种避邪等。

江南民间俗信，鸡是热性的，鸭子是凉性的，吃鸭可除焦躁，去暑毒，用食疗来保健。

古人认为端午节生子“命毒”

事实上，端午节的出现，最早是古代中国人出于避邪的需要。

从《吕氏春秋·仲夏纪》的记述来看，古代中国人把五月视为最不吉利的月份，认为此月夏至到来，阴阳相争，阳生至极，阴杀始起，死生以五月为分界。

因为有这种认识，古人才把五月份看做是毒月、恶月、凶月。这种“毒观点”应该源于对自然灾害的感性反应：五月正处仲夏时节，酷暑即将到来，此时毒虫滋生，人们极容易生疮患疾、遭伤咬，因此给古人留下了“五月不好”的印象。

古人认为五月份不好，五月份出生的孩子也不好，传会给家人带来不幸，即俗话说的“命毒”。为何有这种认识？可能与原始“生克观”有直接关系。五月是古人眼里阴阳交替的时节，子女属“阳”，父母属“阴”，生子则会阳气上升，自然是不利父母的。

五月最毒的一天就是五月初五，这天邪佞当道，五毒并出。所以，古人认为这天出生的孩子也最不好。

东汉应劭《风俗通义》中便称，“五月五日生子，男害父，女害母。”这天出生的孩子，不论男女，一律要弄死，此即远古时代的“溺婴”风俗。

《史记》中有传的“战国四公子”之一的孟尝君，名叫田文，因生于五月初五，其父亲田婴便要求其母亲弄死他，其母舍不得，悄悄抚养，这才留了条活命。田婴当时即认为，“五月子者，长于户齐，将不利其父母。”

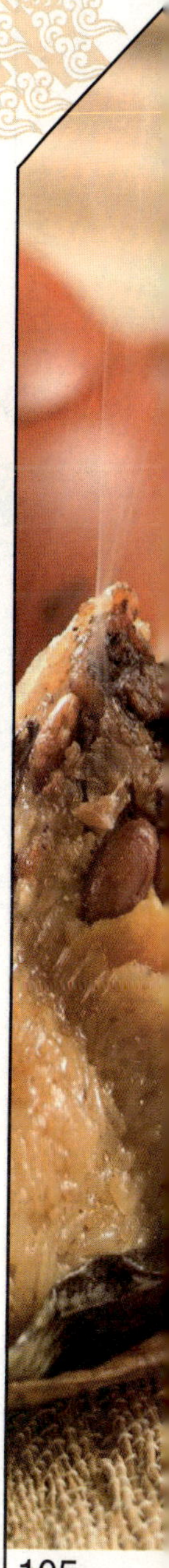

即便是皇帝的"龙子",如果生在五月初五,要想留下也得另想办法。宋神宗赵顼在五月初五得一子,只好将孩子送到宫外寄养,这孩子就是后来的宋徽宗赵佶。

出于避讳,赵佶在当了皇帝后,将自己的生日改定在十月十日。但赵佶的命真的"毒","靖康之难"中成了金国的俘虏。

包粽子始于哪个朝代?

端午节最早流行于南方。

南方水多,一直有向水里投放包裹食物祭祀水神的风俗。早期的包裹物并不固定于芦苇叶,有的用植物叶子,如菰叶将有黏性的黍米包裹成角状,这叫"角黍",也是最原始的粽子;有的用竹筒装米,称为筒粽。后来还有用箬叶包粽子,至于用芦苇叶包粽子,则相对比较晚,但却流传至今。

端午节吃粽子,在魏晋时期得到强化,粽子的形状、内容也都发生了变化。今天的肉粽、果仁粽在当时均已出现。当时煮粽子很讲究,并不是直接放在清水里。

据西晋人周处《风土记》记载,当时人们"以菰叶裹黏米,以栗、枣灰汁煮之",即将栗、枣烧成灰,和水煮粽子。

粽子用米最讲究的当是唐代,要选用上等糯米,当年来华的日本人将粽子的做法带回国,至今日本还有"大唐粽子"的叫法。

筒粽

唐代人很重视端午节,这一天"公务员"还会放假。端午节成为法定假期,便始于唐朝。唐代人很喜欢放假,汉魏时国家法定节假日只有冬至和夏至,而到了唐代,寒食节、

多种多样的粽子

清明节、端午节、七夕节、中秋节、重阳节……全都可以“休假一日”。

宋朝继承了唐代的休假制度，而且比唐代人还喜欢过端午节，时人俗称之为“解粽节”。

从史料来看，宋朝人最会包粽子，花色很丰富。

据南宋陈元靓《岁时广记》记载，宋朝人会在粽子里加入松栗、胡桃、姜、桂、麝香之类，包出的粽子多种多样，有角粽、筒粽、锥粽、秤锤粽、茭粽、九子粽等。煮也不一样，将艾叶烧成灰，和水共煮，这样煮出的粽子呈金色，故有“角黍包金，香蒲切玉”一说。

宋时还有“赌粽”一俗：赌谁拿的粽子粽叶长。解开粽子后，粽叶长的胜，短的输，输家或赔酒或赔钱。

宋朝人过端午节也大有讲究。在宋朝，京城人家一般从五月初一就开始准备了，会用粽子祭祀天神。节日食品除粽子外，还要吃“白团”、品“端午果子”、饮菖蒲酒、艾酒。

这之后，古代中国人过端午节再也没有宋人的那份热情了。

端午节是两岸共同的节日

端午节是中国形成历史早、流传长、文化内涵丰富的传统节日，在我国的台湾地区同样如此，端午节也是两岸人民共同分享传统节日的记忆。

台湾因地处亚热带，早期来自大陆的移民多无法适应这里的气候，死于瘴疠时疫者，时有所闻。因此，端午这个以驱疾避疫为基本精神的节日，便显得格外重要。

台湾将划龙舟称为“扒龙船”。据《民俗台湾》上记载，端午龙舟的习俗，自五月初一起，就先到水边“迎水神”。

初五正午，即敲响锣鼓，扛起龙舟到河岸，途都有居民烧香礼拜。俗语说：“五月五。龙船鼓，满街路”，表示欢迎，称为“接龙船”。赛过龙，还要于初十“送水神”，并举行“谢江”的仪式。

台中南屯的头店，自清朝中叶，就有在开春后，穿木醒穿山甲的习俗。光复后，这个习俗固定在每年的端午节举行。

犁头店在清朝，是台中最繁荣的地区，据说，这是因为当地位居穿七甲穴的缘故。所以，当地居民每年端午都会穿上木屐，来回重踏地面，以期用巨大的声响震醒穿山甲。

目前，这项习俗已改采趣味竞赛的型式。由四个人自组一队，穿上两条长木皮钉成的环木屐竞走。咔咔的木屐声，确也震醒了犁头店居民们怀旧的情绪。

赛龙舟

台湾端午节

在端午节日食俗方面，台湾俗传端午吃桃、茄子及菜豆，可以健康长寿。台式的粽子制法分为南北两种。台湾北部作法是米漏泡于水中，沥干后用油炒香，并加入五香粉、胡椒粉、酱油等调味料，将米蒸熟后再用竹叶包裹填馅，使其入味。

也有人直接用油将米粒炒至半熟，包裹完馅后蒸食。台湾南部的作法是用纯白糯米漏泡后加肉馅，以绿竹叶包裹，水煮至熟透。

因为制作方式有别，所以南北两地的粽子也风味各异。北部的粽子有浓郁的五香胡椒味，南部的肉粽则带有淡淡的竹叶清香，各具特色的馅料有猪肉、香菇、虾米、花生、咸蛋黄、红葱头、栗子、蚝干等，而随个人喜好增添。

苗栗地区的客家人过端午，也吃茄子及长豆、桃李等。客家人包粽子还分碱粽及咸粽。碱粽特别是用来祭祀的。

客家人过端午须准备四份牲醴，一付拜土地公，一付拜万善爷，一付拜附近的大庙。而碱粽便是其中不可或缺的祭品。咸粽则分米粽及粄粽两种，纯粹用来解馋。

从春秋战国至今，中华民族古老的传统端午佳节已在民间传承两千多年，中华文化起了一种“润物细无声”的作用……同宗同族，一样的语言，相同的血脉，两岸民众的心并没有因为近半世纪的历史隔绝而淡漠，而是在五千年的中华传统文化的凝聚下贴得更近，有着浓郁特色的中华传统文化，它也牵动着海峡两岸民众的心灵，早已深深地扎根在两岸民众的心中。

端午节这个曾沉寂已久的传统节日，再次证明优秀的传统文化是两岸之间的精神纽带。

苏州端午习俗

无论是台湾同胞还是大陆同胞，被普遍归结为传统和民俗的回归，应该与时俱进，创造一些新的节俗活动。

两岸之间应该更多地去发掘节日特色，通过年轻人感兴趣的方式，将传统民俗与网络科技结合的全新尝试，既能体现传统节日时尚、亲民的一面，又低碳环保，搞些有意义的交流活动，从而感受中华文化的博大精深，有助于将传统文化更好地融入现代人的生活，端午节贴近生活才有生命力。

引导更多两岸年轻人参与并重视传统节日，深入挖掘其充满魅力的一面，让传统节日展新姿，使之焕发活力。

如两岸举办纪念屈原诗歌比赛，在厦门一年一度的海峡两岸龙舟赛上，来自海峡两岸以及马来西亚、美国等世界各地的龙舟高手同池竞技、摆舟争渡，使得端午节更像是一个国际性的水上狂欢节。

吴地端午丰富“中国节”内涵

随着社会经济文化的发展，沧浪区举办的以纪念伍子胥为始的端午节节庆活动，从一个区域性的民俗传统活动逐渐演化成苏州一年一度的盛大狂欢节，形成了一整套与当地自然条件、生产生活、经济特征和文化发展状况相对应的端午民俗活动。

沧浪区非物质文化遗产保护工作越来越受到重视，鼓励和支持非物质文化遗产项目传承人开展传习活动也成为政府、社会的一项重要工作。

沧浪区从2010年开始设立专项资金，对非物质文化遗产项目传承人进行扶持。目前，该区已有传统舞蹈调龙灯传承人蒋达夫；梅花糕、海棠糕制作技艺传承人陈巧文；金属镂刻制作技艺传承人龚斌等三名区级“非遗”文化传承人。

苏州地区端午节习俗地方特色和个性，对保护中国端午节习俗多样性具有积极作用。

联合国教科文组织设立人类口头与非物质文化遗产代表作制度的目的是为了保护世界文化的多样性，以防止在经济全球化的浪潮中，导致文化多样性的消失。

非遗代表作自身内涵的多样性，应是需要特别加以关注的问题，以避免非遗代表作的精英化、简单化、格式化。

端午节是一个深深扎根于中国固有的文化和历史的重要节日，同时也是众多少数民族很重视的传统节日，后来又传播到亚洲的多个国家，如越南、朝鲜、韩国、日本。

客家人习俗

苏州地区端午节习俗具有鲜明的地方特色和个性，而且形态完整。发掘和保护苏州端午文化，对于保护中国端午节习俗的多样性无疑具有积极的作用。

苏州端午节习俗，已树立起一块新的民俗文化里程碑，人们以适应新生活的方式，发挥着从属于自己的端午节传统文化的价值。

端午习俗是一个千古相传、具有全民参与的互动节日，全国有29个民族、12多亿人口的地区在广为流传。

苏州端午习俗的传承，是苏州千百年来一条跳动不息的文脉。它从未因物质、生产、社会制度、生活方式和价值观的变化而停滞不前。

原因在于这个节日已经从单纯的原始“图腾”、“英雄崇拜”上升到人们与自然环境、生存环境的和谐、社会的和谐、文化的和谐等一系列的期待和感同身受，与自身的生活紧密地结合在一起。

比如大门上悬挂菖蒲、艾草，泛指菖蒲为剑，艾草为鞭，有驱邪、辟鬼之效，一滴雄黄酒，点在婴儿的眉际间，寓意为：开天眼、添智慧、保平安。

而举家人的“五黄宴”，则体现了家庭亲和。包粽子又是端午节中最为显突的民俗事象。芦苇叶、糯米都产于水网地区，关系着端午的起源。可以看到，端午节的活动都是伴随着人的生存环境和生活状态

端午美食

吴地端午习俗

的不断变化、不断发展的。

苏州端午节的现状，是苏州节庆文化中的一道亮丽风景线。

苏州是座正在走向现代化的城市，社会逐步进入经济全球化、工业化、科技化、信息化，实际生活中，人们对民族传统文化的认知在近几年中有所提升。

苏州端午节习俗，已树立起一块新的民俗文化里程碑，人们以适应新生活的方式，发挥着从属于自己的端午节传统文化的价值。

从端午节看“家国情怀”

端午节是中国传统文化节日之一，并且有其节日文化的个性，即端午节日文化的多层面特点：对于人类本身、对于国家命运的思考。

这种特点来源于端午节日形成过程中的时空性：纪念屈原说；纪念伍子胥说；吴越民族图腾祭说；三代夏至节说；恶月恶日驱避说，等等。

透过这些来源，我们可以看到人们对于端午节文化层面的不同思考：一是着眼于人类自身，从个体到家庭、到族群，从生存安全到种族繁衍；二是着眼于国家命运，期待明君贤臣。归根结底指向共同一点：人的自身命运的安危，人的自身生存与发展。

基于这点，当下我们应该充分挖掘这类节日的文化内涵，并且结合苏州条件，举办不同文化层面的活动：诗歌、水上竞技、饮食文化等，引发人们对于个人命运与人类本身的关注、对于国家与民族发展的思考，提升人们的思想境界，增加人们的幸福感，更加珍爱生命，热

伍子胥像

爱生活，享受美好。

伍子胥的一生故事性极强，如果编为戏剧，以实景演出，也是苏州端午的一项特色。

端午节的传统活动很多，最容易联想到的大概是划龙舟、挂菖蒲和包粽子。

苏州的传说是投粽以祭大将伍子胥。这些说法有一个共同点，被祭者除是忠孝之人外，他们的死亡都和江河有关：屈原是忧国遭谗投汨罗江而死，曹娥是为了寻找溺水的父亲投江而死，伍子胥则是被夫差听信谗言逼死后，又被夫差将其尸体装在鸱夷状的容器里抛进河里流走的。

苏州的先民，有着对“英雄崇拜”的信仰，从而将祭祀伍子胥的活动，演化成体系化的端午文化。

就文学的角度看，屈原的形象比较概念化，司马迁《史记》对他没有比较具体的描述，给人的笼统印象只是“信而见疑，忠而被谗”，他之所以为后世传诵称扬，主要得力于他的《离骚》等诗篇。

曹娥的形象比较具体，但故事比较简单，个性仍不够明显。

伍子胥则一生的故事性极强，与渡江渔父的对话，鱼腹藏剑的虑谋，兴师伐楚的快意恩仇，以至最后防越的忠言不行，临死还说“抉吾眼悬吴东门上，以观越寇之入灭吴也”，是何等气势，也衬现了他突出的个性和具体的形象。

如果以他的一生事迹编为戏剧，以逃楚奔吴始，以百姓投粽水祭终，以实景演出，也是苏州端午的一项特色。

苏州举办端午节祭祀仪式“祈福端阳”伍相祠传统祭祀活动。苏州的端午节既有吴地文化独有的特色，还融入了许多新鲜的时代创意。

“敬天、敬地、敬众。再拜，三拜。”盘门伍相祠内，在祭祀官的引领下，人们纷纷拜祭伍子胥，祈求这位吴地圣人保佑苏城风调雨顺。

据了解，现在伍氏后人超过5百万，大多数都居住在南方地区，伍子胥第78代后人、顺德伍氏联谊会理事长伍敬勤：“我们作为伍氏后人要继承发扬他这方面的精神，精忠报国的精神，所以每年都要来苏州。”

2009年，吴地端午文化习俗作为中国端午节主要内容，成功申报“世界非物质文化遗产”。如今，在苏州古城大融合、大发展的平台上，更加注重对于苏州本土文化的继承与发展，把端午佳节过出浓浓的苏州味道。

由苏州国家历史文化名城保护区文化商旅发展局制作的微电影《端午》，用电影的现代手法，再现苏州传统的端午习俗，和那份融于其中的剪不断化不开的浓浓故乡情。

而坐落在盘门景区内的端午展示馆，内部分为民俗展示区、情景再现区和民俗传习区三个部分。在民俗展示区内，展示了端午节、赛龙舟的历史渊源，向市民游客介绍端午节的各地风俗习惯、端午节食俗介绍、端午节摆设等等内容。

苏州美景

在情景再现区，

以微电影和实物相结合的形式来展示端午习俗的生活场景。民俗传习区设有艾草菖蒲插花区、粽叶绘画区、传统粽子传习区等，现场添置以艾草和菖蒲为主元素的花艺布置，烘托端午节的节日气氛。

龙舟

同时安排资深花艺老师现场指导参观者端午节庆花草、家居盆景的创作，与市民百姓形成互动，并期待吸引更多的青少年前来学习端午习俗的传统技艺，让更多年龄层次的市民了解端午，了解吴地民俗文化。

以江陵端午祭仍保留了较为完整的形式和内容，包括神酒酿制和“山神”“城隍”等祭奠，并分作“儒教式祭仪”和“巫俗祭仪”两种，持续一月。

挂艾蒿

充分认识非物质文化遗产的流变性，对于我们对其进行抢救保护具有积极实践意义，可以拓展名录建设的视野，提升苏州端午文化的资源品牌效应。

同时，也为其他非物质文化遗产项目在文化大视野下进行抢救、保护和传承提供借鉴意义。

节日文化符号越

鲜明，越具特色，就越利于传承。

能流传至今的传统节日，是与它的根，它的核心价值被普遍接受有关。为更好传承端午节等传统节日，需要深挖文化内涵，确认核心价值，这样过节就不会变味，还会常过常新，传承时也就有了科学性。

同时，要强调节日文化符号，越鲜明，越具特色，就越利于传承。越突出民族特色、地域特色，不仅显现节日文化的丰富多彩性，而且对于民族、区域的认同感越强烈。

如采百草，挂艾蒿、菖蒲、香囊，缠五彩线，饮雄黄酒、包粽子、吃五黄，互赠礼品夏令衣物、扇子，祭祀英雄人物，苏州地区纪念的是伍子胥，就十分具有地域特色。

另外，还要弄清“神”和“形”的关系和位置：“神”是“节”本质的东西，“形”是外在表象符号。

如端午的“神”，是对气候季节的关注，运用一切手段保护身体健康，尤其是老人和孩子，以达到人与自然的和谐。

龙舟竞渡表达的是团队的团结、协调合作以及积极向上的进取精神。祭祀当地的英雄人物，是加强认同意识。仪式要的是“情”，不带情谊讲究排场，是对端午本质的异化。

迷你知识卡

粳　米

中国南方人民的主食，含有大量碳水化合物，约占79%，是热量的主要来源。

粳米，是粳稻的种仁，又称大米。其味甘淡，其性平和，每日食用，是滋补之物。

第七章 端午文化的保护与重铸造民族魂

元代为何禁止赛龙舟

端午节赛龙舟最原始目的，是出于避邪、祛瘴气的考虑，即所谓“斗龙舟以祛瘴疠”。在当年的越国，人们在端午节赛龙舟则是为凭吊卧薪尝胆、复仇灭吴的越王勾践，勾践曾以此方式操练水军，终于灭了吴国。

端午节起源的另一种说法，是源于吴越人祭龙的“龙子节”。闻一多曾考证，在龙子节，时人会划着画成龙状的独木舟，把包裹好的食物投入水中祭龙。

北方也有龙神节，但一般选在龙再生的阴历二月进行，后来移到端午节，此时北方干旱少雨，端午节赛龙舟又多了祈龙降雨的心愿。

龙神节

赛龙舟在宋代最为

特色蒙古包

流行，据《东京梦华录》所记，北宋皇帝有到临水殿看金明池内龙舟竞渡的习俗。但到了元代，朝廷下令禁止端午节赛龙舟。

原来，蒙古人把端午节赛龙舟看成了亡宋的节日风俗，认为对当权者统治不利。

在元世祖忽必烈当皇帝的至元三十年，福州路曾发生一起端午节赛龙舟淹死人的严重事件，有臣子就此向朝廷上奏，建议禁止此项活动，认为这是“无益之事”，除了“伤人命”外，还极易发生群体性事件，因为看赛龙舟的人太多了。

元朝廷遂下令端午节禁划“龙舡”，并写进法律条文中。

有意思的是，明代也曾禁过赛龙舟。明朝认为赛龙舟有“三害”：“破财一也，起斗争词讼二也，不幸覆舟殒性命三也。”

但是，元、明的禁令并未能让民间赛龙舟的热情消失，禁而不止，各地不时有因端午节赛龙舟而溺亡的事件发生。

铁穆耳元成宗当皇帝的大德五年，江南行御史台报告：“去岁端午，纪机察等率众桦舡，淹死六七人。”朝廷不得不重申禁止“戏桦龙舡”的规定。

端午美食

端午饭“五黄俱全”

端午节这天，除了要吃粽子、绿豆糕外，还要挂艾草，烧盘香。过去，合肥人还要吃顿特别的端午大餐，这顿饭还得要“五黄俱全”！

据民俗专家牛耘介绍，旧时有“早端午晚中秋”的说法，即端午节一般是早上过，中秋节一般是晚上过。

绿豆糕

端午节那天，清早起来一定要吃粽子和绿豆糕，家里老人还会点盘香，挂在屋子里，家家户户要挂艾草、菖蒲，这些能祛病除灾。

吃粽子的传统是妇孺皆知，为了纪念大诗人屈原，而老合肥的传统里，还有一项必不可少，就是端午中午吃“五黄”。

黄鳝烧肉，凉拌黄瓜，黄鱼，咸鸭蛋黄，喝雄黄酒。

雄黄酒是将雄黄加入白酒中，所以雄黄酒只能给大人喝，小孩子一般是用雄黄酒在额头上写个“王”字，并在耳朵后面、胸口涂抹一点。“吃了五黄就会五毒不侵，四季平安。”

除了吃的方面有讲究，在穿的方面也要有端午特色。

在这天，人们会将绣上蝎子、蜈蚣、毒蛇、哈蟆、壁虎这“五毒”形象的肚兜给小孩子穿，可以驱“五毒”，防瘟疫。而香包也是在端午节当天给孩子的最佳礼物。

香包里装了雄黄、香草配成的香料，戴在身上起驱虫除秽的作用。”而一些人家也会挂上钟馗的画像，避邪保安康。

南淝河曾经是老合肥端午龙舟比赛的最佳场所，由于桥少、水域宽阔，往往吸引不少队伍在水面上竞技，趴在城墙上看划龙舟，要是比赛的地方远，还要走上七八里地远呢！

湖北秭归每年有三个“端午”

秭归地处湖北省西部，位于三峡工程坝上库首，是世界文化名人屈原的故里。

千百年来，关于屈原的口头文学、民间传说、诗词歌赋和神话在当地流传甚广。

秭归端午习俗历史悠久，形式独特。在秭归，端午比年大，过得比春节还要隆重。秭归每年有三个“端午”：农历五月初五是“头端午”，五月十五是“大端午”，五月二十五是“末端午”。

秭归端午民俗经历先秦以后的形成阶段，汉末魏晋以后的发展阶段，唐代以后的认同兴盛阶段以及明清以后的传承和发展阶段。

唐代诗人文秀《端午》诗曰：“节分端午自谁言，万古传闻为屈原。”

南宋陆游诗云：“斗舸红旗满急湍，船窗睡起亦闲看，屈平乡国逢重五，不比常年角黍盘。”

这些诗歌从侧面揭示了秭归独特的文化及表现形式。

端午节之前，秭归嫁出去的女儿们基本上都赶回娘家过节，这是

裹粽

当地一大特色习俗。在九畹溪村，很多人家贴起了端午对联，门口挂艾叶菖蒲。大家围坐在一起包粽子、煮盐蛋、泡雄黄酒，有说有笑，忙得不亦乐乎。

回到娘家的妇女们，在堂屋里和兄弟姐妹话家常、做家务，喜庆端午。

秭归端午节活动正式拉开序幕，是在每年五月初五或五月十五黎明。人们在龙舟下水前祭江，为“龙舟披红”，举行游江招魂。

只见父老乡亲身穿祭服，在独具特色的艾蒿门前摆上猪头、羊头、供果、红烛和香炉，面向长江，先烧纸再杀鸡，然后取血和酒，奠酒祭江、祭龙头。

礼毕，众人一起到江边安龙头下水。

同时，龙舟中的击鼓人扮屈原之妹屈幺姑，呼唤道：“我哥回，我哥回……”龙舟开始游动。不久舟至江心，便接唱《游江》呼唤屈子魂归：安安然然回故乡，好和乡亲过端阳。

五月二十五“末端午”，秭归当地会有稻场娱乐。末端午夜，家人团聚，亲友云集，同时喜庆夏收，由一家或数家牵头，邀请全村乡亲邻里自娱自乐，跳花鼓戏，唱山民歌，吹打乐合奏，划旱龙船，玩狮子等，往往通宵达旦。同时，末端午还有“送神船”活动。至此，秭归的端午

秭归风景

秭归风景

节才算正式结束。

粽子是中国端午节常见的食品，几乎各地都有。但在秭归，粽子则寄托了父老乡亲对屈原的思念和崇敬。

在秭归民俗展馆，正在包粽子的秭归人介绍说，青色叶子寓意屈原万古长青，雪白糯米表示屈原纯洁如玉，分明棱角表示屈原刚正不阿。一颗红枣，代表屈原爱国丹心。

谈到屈原文化的传承和发展，秭归县委副书记、县长卢辉说，屈原的作品对于普通百姓来讲，是阳春白雪。地方政府要把这种高高在上的文化，从图书馆和文学研究院“请”出来，让它在群众喜闻乐见的旅游活动中“活”起来。

有文化的地方，可以吸引更多游客；有游客的地方，文化传播会更快。这也是秭归保护和传承屈原文化的新思路。

打造多层次的端午文化

端午习俗在中国不断得到发扬光大，吸引了很多人参与其中。对于喜欢运动的人来说，端午节就像是体育节，不少中学、大学和单位、机构都会在节日期间组队参加龙舟比赛。

对于文艺界的人来说，端午节好比是诗人节，爱好文学的人们会在节日期间聚在一起，传承朗诵诗歌、欣赏美文、纪念伟大诗人的传统。

特别令人感到高兴的是，年轻人开始越来越喜欢这个传统节日。

龙舟头

许多商家对粽子进行了时尚的包装，制成了各种装饰品，很受年轻人欢迎。从这一点来看，传统文化如果要吸引年轻人的话，还要根据他们的爱好来进行多样化的发掘。

有位清华大学历史系副教授说：我们不应把端午文化仅仅局限于吃粽子，而要发掘、打造多层次的端午文化，促使更多的年轻人参与到和端午有关的活动中来。

其实，端午的习俗中，有很多活动的主题与运动有关，这应该是最受年轻人喜爱的。

古人过端午，主要有两种体育活动，南方人划龙舟，北方人骑马、射箭。划龙舟、骑马要受到地理条件的限制，但射箭是可以普及的传统体育项目。

在中国的年轻人中射箭运动普及度还不高。有条件的学校或者体育健身经营机构等不妨可以考虑开设一些相关课程，让年轻人体验和参与到射箭运动中来，进而提高他们对端午文化的认识，并享受到传统文化带来的身心愉悦。

把端午节还节于人民

在传统节日大有演绎成消费节日、沦为商家谋利之机时，在申遗成为景点涨价的序曲和借口时，相关人士重申遗是为了把原汁原味的传统节日还给老百姓，不能让公众买票、交钱过传统节日，听起来确实是个很好的理由。

特别是在端午申遗成功后，有消息说，春节、清明、中秋等传统节日都已纳入申遗计划，因而，以端午申遗为鉴，防止申遗的变味，如此澄清就显得更有必要。

与这种表态截然相反的是，民间认为端午节申遗，是受2005年韩国“江陵端午祭”被联合国宣布为“人类口头和非物质遗产代表作”的刺激。

其实申遗与否和保护传统节日文化并无必然关系，不是说申遗成功了，端午节就有了文化内涵；也不是说端午节不申遗，其节日韵味就一定会淡化。

而且倘若什么节日都要申遗，未来中国将成为一个遗产保护大国。可是遗产保护大国如果不注重保护文化遗产，只关注遗产的数量多少，那么再多的申遗成功也不会带来文化传承上的自豪感。

让老百姓享受端午的节日尊严与幸福，说起来容易做起来难。一方面我们看到，即便申遗成功后，围绕端午最初发源地的争议仍在继续，最近就有湖北秭归和苏州两地，称各自为端午的最初起源地。

这种争议和时下流行的名人故里之争如出一辙，节日只是被当作经济的一个道具，和真正的节日保护、挖掘节日文化内涵无关。至于和老百姓的关系，则更谈不上，如此何来节日尊严？

所谓的节日文化传承除了申遗之外，大都异化为作秀、或是伪文化的附庸。节日文化的保护、

满族人过端午节

屈原故里秭归

传承和创新是密不可分的，在传承创新的基础上，适当注入现代元素，体现节日文化的与时俱进。

在节日文化上，人们对创新的渴求很容易简单化为引进、模仿，根本谈不上什么创新；要么只能陶醉在古文明中自我安慰。

而这才是传统节日文化式微的根本原因所在。比如在首届海南定安端午美食文化节上，一重达613斤、用613张粽子叶包裹、用时15小时制作的“粽子王”与公众见面。

端午节要吃粽子，这是文化习俗，但以“粽子王”、豪华包装的形式给粽子强行附加扭曲的节日文化，对公众来说，不但是对节日尊严的亵渎，而且变相加重了公众的节日负担，节日幸福感也就荡然无存。

南宋思想家朱熹曾说：自敬，则人敬之；自慢，则人慢之。要让老百姓从传统节日中享受到尊严与幸福，申遗不是必要的选择，如何让公众从节日传承与创新中感受到文化的自信与共享，在日益浮躁的现代社会中归还传统节日的亲情与宁静，或许更为重要。

推崇屈原的重要现实意义

屈原是中国文学史上第一个最伟大、最杰出的浪漫主义诗人，后人称他的作品为“楚辞”。代表作是《离骚》，这是屈原作品中最长的一首抒情诗，共三百七十三句，两千七百七十七个字，诗中叙述了诗人为实行自己的政治主张所遭受的打击和迫害，深刻表达自己内心的痛苦、对人民和对祖国忠贞不渝的感情。

屈原在长期的流放跋涉中，精神和生活上所受的摧残和痛苦是可想而知的。一天他正在江畔行吟，遇到一个打渔的隐者，隐者见他面色憔悴形容枯槁，就劝他“不要拘泥”、“随和一些”，和权贵们同流合污。

屈原道：“宁赴湘流葬于江鱼之腹中；安能以皓皓之白，而蒙世俗之尘埃乎？”

两千多年的岁月，这在历史的长河中不能算短短的一瞬了，可是尽管大江东去，暮往朝来，诗人屈原的形象却依然留在人们心间。

两千多年来，屈原不但承担了诗人的良心和文采，更承担着民族的苦难和坚强，他已经成为一个民族精神的理想而存在，他已化身为中国文化的象征符号，是中国文学和思想史的一座丰碑。

端午民俗雕塑

屈原对于国家和人民的热爱和他对于梦想的追求与“中国梦”的精神不谋而合，值得我们学习。

1949年12月6日晚，毛泽东去前苏联访问，在火车行进的途中与苏联汉学家弗德林谈起中国文学时说：“屈原不仅是古代的天才歌手，而且是一位伟大的爱国者；无私无畏，勇敢高尚，他的形象保留在每人中国人的脑海里。无论在国内国外，屈原都是一个不朽的形象。

屈原

1953年，在毛泽东的提议下，中国保卫世界和平委员会向大会赠送了一幅屈原画像。

1958年1月中旬，中央工作会议在广西南宁召开，毛泽东批示印发《离骚》给与会者。

1961年秋，毛泽东专门写了一首《七绝·屈原》，深刻形象地刻画了屈原的爱国情怀、浪漫气质，更揭示了其文作匕首、以死醒世的战斗精神。

1972年9月27日晚，毛泽东在中南海会见日本首相结束时，将一部装帧精美的《楚辞集注》作为礼物，赠送给田中角荣首相。

在中华民族传统的节日——端午节到来之时，重温毛泽东推崇屈原的故事，深感这在今天仍有重大的现实意义。

屈原杰作的深意仍需深入挖掘。屈原是“中国浪漫主义文学的奠基人”，是世界四大文化名人之一。

他气魄宏伟、辞章瑰丽的作品堪称世界文学殿堂的精品。他创造的“楚辞”文体在中国文学史上独树一帜，与“诗经”并称“风骚”二体，对后世文学尤其是诗歌创作产生了积极而无穷的影响。

特别是“离骚”，强烈地流露出诗人在当时历史局限下的崇高理想和光辉斗志，成为中国古典诗歌的不朽典范。“路漫漫其修远兮，吾将上下而求索”“长太息以掩涕兮，哀民生之多艰”“吾不能变心而从俗兮，固将愁苦而终穷”等熔铸着屈原思想光辉和人格精魂的隽永诗句，两千多年来，影响和哺育着一代代的仁人志士和文人墨客。

鲁迅对屈原情有独钟，称屈原的诗歌“逸响伟辞，卓绝一世”。在鲁迅创作的五十余首旧体诗中，近二十首使用了楚辞的词语，不但在遣词造句上用的是骚体语言，而且在全诗的意境上也和骚体诗十分接近。

郭沫若认为“中国有史以来的第一个伟大的诗人要推数屈原”，因而著述最多的是对屈原的研究，写下了一部长篇学术论著《屈原》，还创作了著名的历史剧《屈原》，并得出了屈原从“革命诗人”到“人民诗人”再到“伟大的爱国诗人”的论断，且始终如一地捍卫屈原。

如今，中国进入改革新阶段，思想观念深刻变化，心理容易失衡，

郭沫若

伦理需要调整，社会需要以优秀的作品鼓舞人。

屈原像

无论是浪漫主义才子还是现实主义作家，无论是诗人还是文人，都应当努力或直接或间接地从屈原博大精深的作品中汲取思想营养和艺术营养，发掘深刻内涵与深沉新意，保护发展文化遗产，建设共有精神家园。

屈原的人品美德仍需好好学习。一生孤芳自赏与洁身自爱的屈原以香草自喻，并把自然香草与人品美德紧密地联系在一起。

他用采集、佩服、种植、怜惜等词抒发对香草的倾心，“朝饮木兰之坠露兮，夕餐秋菊之落英”。

屈原不仅以香草自喻，而且以香草树木喻人。作为高阳帝之苗裔，屈原为自己的出身骄傲，但更重视自己的内美，修身立德，志存高远。尤以圣贤为师，重“内美”，重才能，重“修名”。

抱着“有德在位”、“修明法度”、“举贤授能”、强国富民等“美政”理想，竭忠尽智，以身殉道，“九死不毁”。屈原洁身自爱，独清独醒，玉可碎而不改其白，竹可黄而不可毁其节。

他志洁行廉，矫然自异，从不随波逐流；他不妖不染，绝不同流合污。其高洁人格堪“与天地兮同寿，与日月兮齐光”。

在修身、治国、辅佐君王的道路上，屈原以自己的独特气质撒满了如兰的芳香。处在社会转型期的当代中国，在传统美德的继承和社会主义新道德新伦理观念逐渐形成的关键时刻，在许多人只注重眼前利益、心态浮躁的背景下，干部好好学习屈原的品德，有助于立党为公，执政为民，先忧后乐。

群众好好学习屈原的品德，有助于正确处理各种利益关系，构建社会主义和谐社会；青少年好好学习屈原的品德，有助于形成正确的世界观、人生观、价值观，培养健康向上的情操。

我们纪念屈原，就是要发掘和倡导屈原的人品美德，不媚俗，不从俗，树正气，倡新风，敢于坚持真理，敢于同社会上的一切腐朽现象作斗争，弘扬屈原为真理九死而不悔的斗争精神和宁赴清流死也不同流合污生的高洁品质，为建设社会主义的精神文明做出新贡献。

屈原的爱国精神仍需大力弘扬。为实现楚国的统一大业，屈原雄心壮志，竭忠尽智，知行合一。对内辅佐怀王变法图强，对外主张联齐抗秦，使楚国一度出现了国富兵强、威震诸侯的局面。

后虽遭谗被疏，甚至被流放，却痴心不改，始终以祖国的兴亡为念；明知面临着许多危险，在“楚材晋用”的时代，却始终不肯离开楚国一步，表现了他对祖国的无限忠诚。

屈原悲天悯人，进退俱忧。“恐皇舆之败绩”，“哀民生之多艰”。看到国破家亡，受苦受难的民众，他不忍离去，最后忧愤交加，抱石投江，在华夏子孙爱国的历史长河中树立了一面伟大的旗帜。

我们纪念学习屈原，就是要弘扬屈原的爱国主义精神，深入学习实践科学发展观，努力实现中华民族的伟大复兴。当今中国不仅需要大量优秀的人才，更需要成千上万富有高尚爱国情操的仁人志士。

志洁行廉的屈原

“乘骐骥以驰骋兮，来吾道夫先路。”一个伟大的爱国诗人陨落了，但有毛泽东等许多伟人学士的推崇，屈原的杰作、美德和精神，仍像一座永不熄灭、光芒万丈的灯塔，照耀着、鼓舞着、激励着人们上下求索，开拓创新，走向胜利。

闻一多论端午的启示

民俗文化是一种无处不在的深厚传统，而民俗文化学在中国则是随着整个社会走向现代的历史进程而出现的。尽管它的许多方法和观点，特别是考察问题的视角来自西方，但其深厚根基则是在几千年的本土文化之中。

中国民俗学者完全能够而且应该把这两者很好地结合起来，用民俗文化学这门科学为现代中国人、为中国文化的现代性变革和民族魂的重铸服务。

上世纪三四十年代，闻一多先生在一封书信中说：“我始终没有忘记除了我们的今天外，还有二三千年的昨天，除了我们这角落外，还有整个世界。历史课题甚至伸到历史以前，所以我研究了神话，我的文化课题超出了文化圈外，所以我又在研究以原始社会为对象的文化人类学。”

正因为有高远的理想、开阔的视野，又有优越的知识结构和常年刻苦的努力，闻一多先生在民俗文化学研究中取得了令人瞩目的成就。

闻先生对中国神话、传说故事、民俗节日、民间信仰等一系列问题做过精深独到、极富新意的研究。上世纪三四十年代，他站在学科的前沿；即使在今天，其相关著作的学术价值仍然不可忽视。

他的《伏羲考》，运用西方人类学方法，利用国内最新的人类学调查和考古发掘资料，对伏羲女娲神话作出了精辟论析。

《高唐神女传说之分析》《姜履大人迹考》《端午考》等文，也都在资料的开掘和方法的运用上表现出深厚的学术功力和蓬勃的学术锐气，新见迭出，发人深思，是现代民俗文化学中极有个性和典范意义的名著。

《端节的历史教育》一文可以看作《端午考》的姊妹篇，或者看作这篇科学论文的应用。文章从孩子们询问端午节的由来、闻先生向他们讲述纪念屈原的意义写起，明确地指出把端午与屈原之死相联系，并不是历史的真实，而是民俗的附会。

闻先生通俗而亲切地介绍了自己的考证结论，而后说明了他对这种民俗附会的看法。他认为，这种有所附会的民俗节日，在科学上是一个“谎”，这一点必须讲明，不能含糊。

但在儿童青少年教育上、在民族精神的培养上，这个聪明睿智的“谎”却可发挥不小的积极作用。

与一般人的想象相反，起源古老的节日风俗乃至一切民间习俗，它的成因一般说来总是与原始社会中一个部落、一个部族或后来的一个民族全体成员最根本的共同愿望密切相关，往往是从人们生产和生活的实际需要而产生的，最初总有一种功利目的。

龙图腾

闻先生认为端午节之成因是对龙图腾的祭祀，是先民希望证明和显示自己的“龙子”身份，以此祈求龙保佑健康与安全。

也有学者认为，此节是为了驱邪、疗病或祷祝丰收等等。而当风俗一旦形成便有其相对的独立性，有它自己的生命流程，随着人类世代的绵延，风俗不断被补充、被修正，并被代代相传。

由于生存环境的变

迁，后代的人们往往不能理解远古祖先创造这些习俗活动的真正动机，遂根据各自的生存条件和状况，对这些习俗作出新的、合乎逻辑的解说，这样就造成了或附会了许多有关习俗的解释性民间传说。

可见，传说的附会总是在习俗形成之后，实际上是为了延续或加强这一习俗才发生的。比如，人们原以为寒食禁火风俗起源于介子推的被焚。

然而，明人周祈在《名义考》中指出，周初人就有此类习惯，介子推是春秋时人，在他未出生前这种风俗早已存在，他的死又怎么能成为寒食禁火的原因呢？

钟敬文先生在《刘三姐传说试论》中也说过，是广西古老的歌圩习俗孕育了歌仙刘三姐的形象，而并非真是刘三姐其人开创了广西的歌圩风俗，刘三姐乃歌圩风俗之女儿，是民众将当地的歌圩风俗附会到刘三姐这个传奇式人物身上的，也可以说是当地的风俗凝聚、结晶出刘三姐这个典型人物。端午节的情况实际上也是这样。

闻先生说："如果我们还要让这个节日存在，就得给他装进一个我们时代所需要的意义。但为这意义着想，哪有比屈原的死更适合的象征？"这段话实际上触及了节日习俗与相关传说相结合的一个原则——我把它称为"归一化趋势"。

闻一多先生像

在中国的漫长历史里，民间流传的端午习俗传说一定还要更多更复杂，经过淘汰才留下了上述四人保存于古籍之中。又经过多少年的流传，到今天，人们已不再把端午习俗与介子推、曹娥、勾践并提，而只与屈原相联系

屈原

了。

不但在汉族地区如此，在少数民族中也是如此；不但在大陆如此，在香港、澳门、台湾，甚至在国外的华裔中也是如此。

这就是说，屈原的传说战胜了其他所有的传说，与端午节俗建立了最牢固的联系。这种解释性传说由众多到单一的演化过程，就是我说的“归一化趋势”。

发生这一趋势的根本推动力存在于一个民族集体意识的深处，存在于融汇了这个民族的心理素质、审美意识、伦理观念乃至社会政治理想而形成的民族精神的精髓之中。

无论是介子推、曹娥，还是越王勾践，他们的传说与端午习俗发生联系都并非出自偶然，因为他们身上各有我们民族所看重和景仰的某种品质，比如曹娥之孝、介之推之义和越王勾践之为一个宏大目标而忍辱负重，等等。

但屈原的品质，显然要比他们更高洁，更符合我们民族的理想。那就是忘我地献身爱国和闻一多先生所强调指出的“不能生得光荣，便毋宁死”！中华民族在节俗和传说的长期流传中，集体地选择了屈原，既显示了我们民族的崇高，也显示了我们民族的睿智。难怪闻先生要衷心赞叹：“说端午节起于纪念屈原，我佩服他那无上的智慧！”

闻先生已经悟出了当民间传说附会于节俗时，当这种附会在多个民间传说中有所选择有所淘汰而趋于归一时，民族和时代的需要，

端午风俗

是一个起决定性作用的因素。这个认识既有学理上的意义，又可应用到社会实践中去，是科学的，又是有实用价值的。

端午节俗既有其遥远的真实来源，又有其为民族所选定的传说之附会，闻先生将这两者分清之后，便想到这一科研成果的实际应用。

他认为，这两点，即科学的真和传说的附会都应该给人们讲清楚。但当这个民俗节日来到时，则有必要利用这个契机，着重向孩子们介绍、宣传屈原精神，使屈原精神在他们心中植根，化为他们人格的一部分。

这就是我们常说的对民族传统文化精神的大力弘扬。闻一多先生特别强调了“不能生得光荣，便毋宁死”“以求生始，以争取生得光荣的死”。

这样的生活道路和信念，是对屈原精神的深刻把握和阐扬。他在《屈原问题》一文中又指出：“我觉得屈原最突出的品性，无宁是孤高与激烈”，可以与此参照、对看。

闻先生指出，屈原是一个真正的人民诗人，在他死后，中国人还要把他的名字嵌入一个原来与他无关的节日里，“足见人民的生活里，是如何的不能缺少他”。

闻先生之所以这样赞美屈原、提倡屈原精神显然是有感而发，有他特殊的时代背景的。中国人近百年来积贫积弱，受够了帝国主义列强的欺侮。

五毒图

闻先生正生在中华民族奋起抗争的伟大时代，但抗争是何等的不易，内外的矛盾是那样错综复杂，中华民族的前途，在闻先生那个时代，还并不那么清晰，这不能不使他感到任重而道远，不能不使他寄希望于全民族素质的巨大提高。

闻先生之所以主张把端午节俗、屈原传说变成弘扬“争取生得光荣，否则，毋宁去死”这种民族精神的有益活动，完全是从我们民族的根本利益出发的。

中华民族已巍然屹立于世界民族之林，但闻先生和所有革命先烈的宏远理想尚未最终实现，希望与危机共存。

因此，全面提高全民素质，重铸中华民族之魂，依然是一个急迫而又长远的重大任务。

将宝贵的民俗文化资源、民俗文化学理论知识应用于中国文化的现代化改造和我们伟大民族精神的重建，无疑将有助于这一任务的完成。而在这方面，闻一多先生已经给我们做了最好的榜样。

迷你知识卡

闻一多

中国现代伟大的爱国主义者，坚定的民主战士，中国民主同盟早期领导人，中国共产党的挚友，诗人，学者，民主战士。

新月派代表诗人，作品主要收录在《闻一多全集》中。

第八章
留在唇齿间的端午节

千奇百怪的粽子“聚会”

端午到，粽飘香。

端午节，深圳的各大商场、超市节日前夕先后摆开了“粽子一条街”，来自东西南北、口味多样的粽子陆续上场，洋溢着浓浓的节日

飘香美味粽

红枣粽

气氛。

在万佳、岁宝、天虹、沃尔玛等超市，都不约而同地开辟了“粽子一条街”，各种品牌、不同口味、包装各异的粽子有的被点缀在“龙舟”上，有的放置在农家竹筐里，有的则躺在热气腾腾的蒸锅中，真空、速冻、即食一应俱全，吸引了不少消费者选购。

粽子的口味除了板栗、叉烧肉、猪肉、火腿、豆沙、枣泥、八宝等以前常见口味，还增添了许多水果、梅干菜、豆腐乳等食材。

北京的红枣粽、豆沙粽，山东的玉米面粽，广东的碱水粽、叉烧粽、板栗牛肉粽，嘉兴鲜肉粽、中肉粽，湖州的猪油豆沙粽，此外顶级的鲍鱼粽，低价的番薯粽，不少都是首次亮相深圳市场。

自粽子上架以来，就一直旺销，有些甚至要提前预订才能买到。除自家过节食用、选送亲朋好友，不少单位也选择在超市下订单。

粽子是“时节性”产品，虽然目前销量不错，但过了端午这段时间，吃粽子的人也会减少，粽子也会随之撤柜，所以只有抓紧节前促销。

和粽子有关的商品如咸蛋等食品，也出现在商场特设的粽子摊上，礼篮内除了有包装精美的粽子，还搭配了酒、糕点等礼品，价位从几十元至上百元不等。为了促销，有的超市还打出买粽子返利的“促销牌”。

粽子是中国的传统食品，价格一般都不贵。但今年不少酒店、超市推出“豪华粽子”，最贵的138元一个。

晋代粽子被正式定为端午节食品。这时包粽子的原料除米外，还添加中药材益智仁，煮熟的粽子称“益智粽”。

南北朝出现杂粽。品种增多，米中掺杂禽兽肉、板栗、红枣、赤豆，裹成的粽子还用作交往的礼品。

宋代有“以艾叶浸米裹之”的“艾香粽”，还有“蜜饯粽”，见苏东坡“时于粽里见杨梅”的诗名。这时还出现用粽子堆成楼台亭阁，木车牛马作的广告，说明宋代吃粽子已很时尚。

元代粽子包裹料已从菰叶变革为箬叶，突破菰叶的季节局限。

明代出现用芦苇叶包的粽子，附加料已出现豆沙、猪肉、松子仁、枣子、胡桃，品种更加丰富多彩。

清代出现“火腿粽子”。

现今各地的粽子，一般都用箬壳包糯米，但内涵花色则根据各地特产和风俗而定，著名的有桂圆粽、肉粽、水晶粽、莲蓉粽、蜜饯粽、板栗粽、辣粽、酸菜粽、火腿粽、咸蛋粽等等。

国外的粽子也千奇百怪，之前我们也提到过。

越南的粽子是用芭蕉叶包裹的，有圆形和方形两种。他们认为，圆形粽子代表天，方形粽子代表地，天地合一，大吉大利。端午节吃粽子可以求得风调雨顺，五谷丰登。

阴历端午节吃粽子。咸粽，用糯米加虾米、瘦猪肉、红豆，再加半只咸蛋包成；碱粽，是用糯米粉加椰丝、虾米、绿豆包成菱形，蘸糖吃；肥肉粽，用糯米、肋条肉、虾米、绿豆和五香调料包成，煮熟剥壳切片而食。

形状各异的粽子

柬埔寨的粽子称为“布袋粽”，它不用植物叶包裹，而是取一个布袋，将糯米、赤豆、红枣等一层隔一层地塞满布袋，然后

越南粽子

扎紧口袋蒸熟。食用时剥去布袋,用刀切着吃。

泼水节和雨季吃粽子,以甜粽为主。是用椰汁浸的糯米加椰子肉、黑豆、芋头、地瓜,用芭蕉叶包成蒸熟后再吃。泰国人包裹的粽子个头小如鸡蛋,因为是用绿色粽叶包裹,所以蒸熟后呈淡绿色,味道十分清香。

在日本,人们包粽子不是用糯米,而是用磨碎的米粉,其粽子的形状也与中国的不同,他们习惯于包锤形粽子。称粽子为茅卷,在阴历五月五日吃,是用箬叶或菰叶包米粉,成长圆柱形。

朝鲜的粽子被称为“车轮饼”。人们把鲜嫩的艾叶煮后捣碎加在米粉中,再做成车轮形状,吃时味道可口。

哥斯达黎加的粽子是用经过特别加工的带粘性的玉米粉为主要原料,配以鸡肉、牛肉、胡萝卜、土豆等,有的还浇上牛肉汁,然后用新鲜的芭蕉叶包成扁方形。

粽子的外形有很多种,但一般都是角形的,粽子既是风味独特的应节食品,也是一种祭祀物品。端午节吃粽子祭祀屈原是流行的说法。粽子作为祭祀用品,是一种包含着特定内容的吉祥物。传统的粽子,大都有角,粽子的祭祀功能即来自于外形上的角。

粽子的外形来自于对动物的模仿。动物的角,尤其家畜牛的角,很早就是古人崇拜的灵物,并被用作祭祀神灵以祈年求丰。有关古人以动物的角作祭祀的可靠记载,最早可以追溯至周代。陕西扶出土的西周史墙盘铭文中有“角光,义其祀”之句,连劭名先生译为:“牲首两角平齐而有光泽,用来祭祀正相宜。”《诗经·周颂·良耜》则说:

“杀时牡，有其角，以似以续，续古之人。”程俊英译为：“杀了那头大公牛，双角弯弯美无比。用以祭祀社稷神，前人传统后人继。”诗歌所反映的正是周人以牛角祭祀土地神与谷神的习俗。

《礼记·王制》说：“祭天地之牛角茧栗，宗庙之牛角握，宾客之牛角尺。”意思是说，祭天地所用的牛角如茧栗，宗庙祭祀用的牛角长度不出把，宾客所用牛角尺把长。牛角作为灵物，不仅用于祭祀，也用于宾客宴席的祝福。《诗经·豳风·七月》说：“称彼觥，万寿无疆！”这是用兕牛角杯来举杯畅饮祝福。可见，上古祭祀神灵所供奉的牺牲，往往以角为贵，角是人神沟通的灵物。

早期的粽子角黍，制成角形，正是对动物角的模仿。这种模仿的意义就在于赋予粽子以祭祀的功能。由此，制成角形的粽子就与动物的角一样成了沟通人神的灵物。有趣的是，上古曾有以角黍祭祀独角神兽“獬豸”的习俗。

《尔雅翼》卷九“楝”字注：“宗懔引《风俗通》，以为‘獬豸食楝’，原将以信其志也。”《荆楚岁时记》称，屈原以夏至日赴湘流，百姓竞以食祭之。常苦为蛟龙所窃，以五色丝合楝叶缚之。又以獬廌食楝，将以信其志。”楝，即粽子，因用楝叶包裹，故名。獬豸为先秦楚人崇拜的一

美食粽子

种独角神羊，传说它能分辨曲直，解人犹豫，判定吉凶，所以是人们占卜求助的对象。

从上两则记载可见，只要将角黍供奉给獬豸这种独角神曾，它就能满足人们占卜的愿望。由此可见，粽子之角形，确为动物神角的象征，古人以为用之祭祀，特别灵验。

由于粽子本身是用作祭祀的灵物，所以到了南北朝，随着屈原在人们心目中的地位日渐崇高，又成了祭祀屈原的物品。为此，人们还编制了相关的神话式的传说。

南朝梁人吴均《续齐谐记》说："屈原五月五日投汨罗而死，楚人哀之，每至此日竹筒贮米，投水祭之。汉建武中，长沙区曲白日忽见一人，自称三闾大夫，谓曰：'君当见祭，甚善。但常所遗，苦为蛟龙所窃。今若所惠，可以楝树叶塞其上，以五彩丝缚之。此二物蛟龙所惮也。'曲依其言。世人作粽并带五色丝及楝叶，皆汨罗之遗风也。"其实，用粽子祭屈原，不过是人们用传统的祭祖方式来祭祀英雄人物而已。

当代名人与粽子的情缘

在汪曾祺先生笔下，鸭蛋成了端午节的主角，先生对家乡鸭蛋的喜爱溢满了字里行间，"我走的地方不少，所食鸭蛋多矣，但和我家乡的完全不能相比！曾经沧海难为水，他乡咸鸭蛋，我实在瞧不上。"

"高邮咸蛋的特点是质细而油多。蛋白柔嫩，不似别处的发干、发粉，入口如嚼石灰。油多尤为别处所不及。"

特别是用北京的咸鸭蛋和故乡的咸鸭蛋对比，先生用了句"这叫什么咸鸭蛋呢"，直白而朴素的话语，将先生对家乡鸭蛋藏在心底的自豪和喜悦跃然纸上。

故乡的鸭蛋还勾起了先生对儿时生活的怀念，"孩子吃鸭蛋是很小心的，除了敲去空头，不把蛋壳碰破。蛋黄蛋白吃光了，用清水把

"三尖糖"粽子

鸭蛋里面洗净，晚上捉了萤火虫来，装在蛋壳里，空头的地方糊一层薄罗。萤火虫在鸭蛋壳里一闪一闪地亮，好看极了！"

"小时读囊萤映雪故事，觉得东晋的车胤用练囊盛了几十只萤火虫，照了读书，还不如用鸭蛋壳来装萤火虫。"

具体到"端午的鸭蛋"，汪曾祺更是记忆深刻："端午节，我们那里的孩子兴挂'鸭蛋络子'。头一天，就由姑姑或姐姐用彩色丝线打好了络子。端午一早，鸭蛋煮熟了，由孩子自己去挑一个，鸭蛋有什么可挑的呢！有！一要挑淡青壳的。鸭蛋壳有白的和淡青的两种。二要挑形状好看的。别说鸭蛋都是一样的，细看却不同。有的样子蠢，有的秀气。挑好了，装在络子里，挂在大襟的纽扣上。这有什么好看呢？然而它是孩子心爱的饰物。鸭蛋络子挂了多半天，什么时候孩子一高兴，就把络子里的鸭蛋掏出来，吃了。端午的鸭蛋，新腌不久，只有一点淡淡的咸味，白嘴吃也可以。"说到底，端午的鸭蛋其实是一个载体，承载着先生对家乡的思念和对童年生活的怀念。

女作家林海音在《我的童玩》中描述了她童年时由各种玩意儿带来的快乐，其中包括端午节前的"缠粽子"。"用丝线缠粽子，是旧时北方小姑娘用女红材料做的有季节性的玩具。先用硬纸做一个粽子形，然后用各色丝绒线缠绕下去。配色最使我快乐，我随心所欲地配各种颜色。"

粽子缠好后，下面做上穗子，也许穿上几颗珠子，全凭自己的安排。缠粽子是在端午节前很多天就开始了，到了端午节早已做好，有的送人，有的自己留着挂吊起来。

同时做的还有香包，用小块红布剪成葫芦形、菱形、方形，缝成小包，里面装些香料。

穿起来加一个小小的粽子，挂在右襟纽襻上，走来走去，美不唧唧的。除了缠粽子以外，也还把丝绒线缠在卫生球上。总之，都成了艺术品了。

著名作家老舍抗战初期居重庆，在友人家过端午节时写下这样一首《七律·端午》：端午偏逢风雨狂，村童仍着旧衣裳；相邀情重携蓑笠，敢为泥深恋草堂。有客同心当骨肉，无钱买酒卖文章；当年此会鱼三尺，不似今朝豆味香。

老舍绝对是个大才子，小说散文戏剧评论诗词样样拿得起。

这首端午诗即写得清楚明白、通俗易懂，满纸亲切泥土气息，旧社会文人在端午节的窘迫和苦况隐约浮现纸上，耐人寻味。

别样的端午风俗

江南许多地方在端午节时还有采药、驱狼等传统。俗话说："五月端午草，百样都是药"，"端午节前都是草，端午来到都是药"。

"三尖糖"粽子

于是民间有在端午节这天上山采集地椒、野茶、苣苣、蒲公英、匾蓄、刺蓟等药材，以备单方土法治病之用。湖南湘中一带，在端午日偏重于采集久明光、天泡草、苦瓜叶、马齿苋、蒲公英、苦秣菜、金银花等，以便暑天备用，前三种是洗药，能防疮疖及痱子；后几种是吃药，能防痢、消炎、清肺热。

还有的此日抓条蛇装入瓶内，日久腐化，涂抹疮疴；有的在田间抓只蛤蟆，在其嘴内塞入一块墨锭后挂起风干，备作药用，故民谚有“蚧蛤蟆躲端午，躲得了今年，躲不了明年”之说。

从前一些人烟稀少的地方，常有恶狼出没，小孩及家禽被狼叼走的灾祸时有发生。传说，每逢端午这天狼儿子出天花，死亡率高，成活率低，这样狼就难以大量繁衍。人们也乘狼之危，于端午这天，塞封狼窝，烟熏驱狼，以保人畜平安。

而如今，在福建石狮蚶江镇开幕，来自海峡两岸的十多万名观众从四面八方涌入了蚶江镇后垵澳古渡头，争相观看全球仅有的“海上泼水”狂欢。

数十艘渔船聚集在海面上竞渡穿梭，来自两岸的壮男妇孺在船上追逐嬉戏，用勺、脸盆、水桶等工具盛满海水，泼向对方船上的人，以此驱邪消灾、祈求吉祥、海上安宁。

一边是奋战正酣的“海上泼水”，另一边紧张刺激的海水龙舟赛也吹响号角，龙舟竞渡穿梭，船员挥桨如飞。

此活动延续了数百年的对渡文化习俗，见证了闽台两地商贸兴盛、关系变迁、

豆馅粽子

端午采药

习俗相同和文缘相续的历史。

在海口，长达数十千米的假日海滩成为椰城人“洗龙水”的好去处。当地人认为，“洗龙水”可以祛邪祛晦，在每年端午节“洗龙水”，便是与龙神同浴，经过“龙水”洗浴的孩子，一年之中健健康康、平平安安。

78岁的陈玉清老人一家三代5口人上午9时就来到了海边，老人家坐在海边的一棵椰树下说，端午节能和家人团聚，洗“龙水”、吃粽子，是非常幸福的事情，希望全家人都健康平安。

来自海内外的近万名宾客相聚盈滨半岛，欢庆一年一度的“龙水节”。在海南乡村，不少农户有“洗草药澡”的风俗。老百姓用鸡屎藤、百日红、艾草、菖蒲、灯笼草等五种清热、消炎的草药一起煮了药水，让家人用来沐浴。洗完澡，老人们拿出准备好的雄黄酒，涂抹在孩子额头、脖子、腋下、肚子等部位，意为可避百邪。

古人也喜欢过端午

在中国古代，越是文化人，就越讲究吃。文人们端午吃粽子就是一个明证，比如说，那粽叶非得是太湖里的，那糯米非得黄河边上的才好。

端午必吃的粽子

古人吃粽子,花样繁多。像唐代著名诗人元稹,就是写“白头宫女在,闲坐说玄宗”的那位,他诗风婉约,喜欢的粽子也很精小。

元稹有诗“绿粽新菱实,金丸小木奴。”可见他对那种小如初生绿菱的“迷你卖萌”粽子情有独钟。

不过苏东坡的口味却又不同:“不独盘中见卢橘,时于粽里得杨梅”,说明对以蜜饯为馅的粽子赞不绝口。而清代林苏门的“一串穿成粽,名传角黍通。豚蒸和粳米,白腻透纤红。细箸轻轻裹,浓香粒粒融。兰江腌醎贵,知味易牙同。”则暴露了他对火腿粽子的心心念念。

美味粽子

当然有好吃的不能独享,不少诗人也喜欢在这一天约好朋友一起分享美味的粽子。

宋代陆游也写过“端午数日间,更约同解粽”的诗句,看来陆游算是个比较喜欢热闹的

“派对达人”。

不过,热闹繁华的背后总是寂寞空虚冷,每一个节日都会引发他们对故乡、亲人的思念,端午当然也不例外。喜欢独自散步的诗人们,也免不了在节日里思乡。

像宋代诗人朱松就在他的《重五》一诗中写道:“异乡逢午节,卧病此衰翁。竹笋进新紫,榴花开小红。山深人寂寂,气润雨蒙蒙。煮酒无寻处,菖蒲在水中。”

古人没有电话,只能托些个花花草草、菖蒲艾叶什么的寄托一下对亲人的相思,若是如现在这般通讯发达,一个电话便可听到乡音,就不会有这些让人读来肝肠寸断的诗句了吧。

艾草

百姓要过端午,皇家也是不例外。当然,皇家过端午的规矩也多。比如说节日这天,皇上要向朝中的臣子赐予夏衣。

这个工作很仔细,所赐的衣服用轻薄的细葛为料,还要根据臣子的身材缝制,让他们穿着合身。

杜甫《端午日赐衣》诗中写道:“宫衣亦有名,端午被恩荣。细葛含风软,香罗叠雪轻。自天题处湿,当暑着来清。意内称长短,终身荷圣情。”

首句表达出乎意料的心情:宫衣上面居然还有我杜甫的名字啊!这是怎么回事?原来,此时肃宗正在打击他老爹的臣子,把房琯、张镐、严武、贾至、高适、岑参等人贬出京都，杜甫也在打击之列，端午节过后没有几天也被外放了。

所以，他对受赐夏衣这份“恩荣”感到意外。“三、四”两句写夏衣的轻软高级，细葛含着微风，香罗白如积雪，杜甫的想象力令人叹服。

“五、六”两句写穿着的惬意，夏衣上面的题名墨迹尚湿，穿在身上感到十分清凉。第七句写衣服长短合身，结句写自己终身感戴皇恩。杜甫当时任左拾遗，是个八品小官，他能受赐夏衣，可见皇上端午赐衣的范围十分广泛。

一方是皇上赐予臣子夏衣，另一方是地方官吏向皇上敬献夏衣。关于后者，史书未记，长于记事的杜甫却把它写进诗中。杜甫有《惜别行送向卿进奉端午御衣之上都》，向卿其人名字不详，他制成了一件高级的夏衣，去上都进奉给皇上，杜甫写诗给他送行。

诗中写道：“裁缝云雾成御衣，拜跪题封向端午”，云雾比喻夏衣的轻柔；拜跪题封是表示对皇上的敬重。

除了互赠夏衣，因为五月是民间信仰的恶月，五月五日有被看作恶月中的恶日。

流传下来的一个小故事说明了这一点：宋朝的徽宗皇帝和童贯就是五月五日出生的，两人心里难免疙疙瘩瘩、十分郁闷，于是改为十月十日生的，一下子就从金牛座，改成了天秤座。

出于趋利辟邪的考虑，每年端午节，大家都要在门上或手腕上挂结长命丝绳，在门上插艾草。

火腿粽子

晚唐诗人和凝《宫词》写道：“绣额朱门插艾人，羞将角黍近香唇。平明朝下夸宣赐，五色香丝系臂新。”“朱门插

行行色色的香囊

艾”“香丝系臂”就是这种风俗的体现。

古代端午，皇上还要向臣子赐赠“百索”，百索，就是长命丝绳，是用五色丝线编结的绳索，又名长命缕。

唐代诗人窦叔向有《端午日恩赐百索》，诗云：“仙官长命缕，端午降殊私。事盛蛟龙见，恩深犬马知。馀生倘可续，终冀答明时。”

道教称有尊位的神仙为“仙官”，这里指皇上。皇上赐予长命缕，深深感动了这位诗人，他说此事之大足可惊动蛟龙，恩情之深足可晓谕犬马，表示在有生之年尽力报答圣明的心情。

“龙舟雨”被认是好兆头

龙舟雨，就是端午前的雨，涨龙舟的水，意思就是说，为了方便人们在端午节的时候赛龙舟，端午节前都会下雨，让河水上涨，人们把这种雨叫做“龙舟雨”。

传说，在端午节前，如果有下“龙舟雨”，则是个好兆头。端午节过后，气温将显著升高，雨量也将更加充沛。下了雨，紧接着便是震人心魄的龙舟赛了。除了思乡，古人们着墨最多的，便是这龙舟赛了。

粽子

张建封的长诗《竞渡歌》最被人们看好，其中描写竞渡场面十分精彩：“鼓声三下红旗开，两龙跃出浮水来。棹影斡波飞万剑，鼓声劈浪鸣千雷。”

到了冲刺阶段，场面更加热烈了：“鼓声渐急标将近，两龙望标目如瞬。坡上人呼霹雳惊，竿头彩挂虹霓晕。”望着即将靠近的终点锦标，两条龙舟上的健儿们眼睛闪出亮光，“目如瞬”，传说舜有双瞳，所以视觉特别明亮。

看着决胜的关头，坡上的观众发出了惊雷般的呼叫。胜负转眼间作出分晓：“前船抢水已得标，后船失势空挥桡。疮眉血首争不定，输岸一朋心似烧。”这是写输了一方的表现，眼看着别人夺了锦标，只好徒劳地挥动船桨向前划，郁闷得不得了。

古人端午出行

你不知道的端午画额习俗

旧时端午节以雄黄涂抹小儿额头的习俗，云可驱避毒虫。典型的方法是用雄黄酒在小儿额头画“王”字，一借雄黄以驱毒，二借猛虎，“王”似虎的额纹，又虎为兽中之王，因以代虎以镇邪。

清富察敦崇《燕京岁时记》："每至端阳，自初一日起，取雄黄合酒洒之，用涂小儿领及鼻耳间，以避毒物。"除在额头、鼻耳涂抹外，亦可涂抹他处，用意一致。

端午习俗之豆娘：豆娘是旧时端五节妇女的头饰。多见于江南。此物一说源于古代的步摇，一说即艾人的别样形式。

《清嘉录》引《唐宋遗纪》云："江谁南北，五日钗头彩胜之制，备极奇巧。凡以缯销翦制艾叶，或攒绣仙、佛、合、乌、虫、鱼、百兽之形，八宝群花之类。绉纱蜘蛛，绮榖凤麟，茧虎绒陀，排草蜥蜴，又螳蜘蝉蝎，又葫芦瓜果，色色逼真。加以幡幢宝盖，绣球繁缨，钟铃百状，或贯以串，名曰豆娘，不可胜纪。"

健人是旧时江浙一带端五时妇女的一种饰物。一般用金银丝或铜丝金箔做成，形状为小人骑虎，亦有另加钟、铃、缨及蒜、粽子等的。插在妇女发髻，也用以馈送。

《清嘉录》云："(五月五日)市人以金银丝制为繁缨、钟、铃诸状，骑

端午节盛况

赛龙舟

人于虎,极精细,缀小钗,贯为串,或有用铜丝金箔者,供妇女插鬓。又互相献赉,名曰健人。”

健人一说与艾人同意,只是以帛易艾,吴曼云《江乡节物词·小序》云:“杭俗,健人即艾人,而易之以帛,作骆虎状,妇人皆戴之,”似此则当有驱邪辟疫之作用;一说即古时的步摇,纯为妇女装饰品。

民众呼吁粽子回归传统

一个小小的粽子,能吃出多少种花样?商家给出的答案是:没有想不到,只有做不到。

粽子最早出现在春秋时期,到晋代,端午节吃粽子成为全国性风俗。及至唐朝,蜜饯、豆沙等相继“入粽”,明代粽子的品种更加丰富多彩,出现了豆沙、猪肉、松子仁、枣子、核桃等品种。而如今的端午市场,粽子的馅料种类可谓五花八门,无奇不有。

玫瑰粽、山药粽、桂花粽已成为“老古董”,水果粽、海鲜粽也不再新鲜,让人大跌眼镜的是,泡椒、干菜也加入了粽子大军,还有粽子玩出了火锅蘸酱、烧烤吃法。

粽子的品种繁多让顾客犯了愁，面对各种未知的粽子口味，买还是不买，成为一个问题。不少顾客在粽子专柜前犹豫不决，多年来只吃一个口味，想换一换，又担心味道怪，不好吃。

商家对于粽子品种的大费周章，能否得到消费者的认同？答案似乎并不肯定。据近日一项关于粽子口味的调查显示，“纯糯米粽”依然最受网友欢迎，以17%的票数高居榜首，鲜肉粽子和红小豆粽子分别受到超过14%和12%网友的热捧，这三类“传统粽子”爱好者占到2 500余名参与调查网友的5成。作为端午节最佳代表的粽子，价格自然不能总徘徊在低水平。

有评论称，古人吃粽子，为的是人物纪念和文化传承，看重的是节日气氛和家庭温情。而现代人买粽子，为的是人情往来和社会交换，看重的是权力、地位和现实利益。当传统节日被异化为世俗的、利益化的通道，也就失去了它应有的文化内涵。

成都一家粽子店挂出的广告横幅上，打出一句“屈原大叔别跳了，吃个胖姐粽子吧”的广告词，右边还为屈原的头像设计了一句台词：“HOLD不住咯！”这句广告词，让店铺一天的粽子销售量，达到了

美味粽子

粽子

一千多元。对此，有学者表示，这张广告横幅对屈原不太尊重，市井语言的调侃应该有个底线。

有网友表示，现在的节味越来越淡了，自己动手包粽子，更能体现过节的气氛，以前一到端午，家家户户的粽叶香让人怀念。跟家人一起包粽子，也是节日的一部分，就像春节包饺子一样。

10年或者20年后，还有没有人会包粽子？这个问题尚无答案。传承传统文化，或者可以从这些点滴小事做起。不如自己亲自动手试试，别让包粽子技艺成为记忆。

端午节蕴涵着的这种对民族精神品格的追求，不管是在过去、现在，还是在将来，都是无价之宝。它和其他中国传统节日一起蕴涵着我们祖先几千年的精神传承。这一传承如果在我们这一代就此断绝的话，对整个民族而言都将是一件极其可悲的事情。

如果你认为中国人的节日就是吃的话，那你太小瞧我们中国人了。

我们的端午节光是挂的东西就有13种。第一是采百药，是卫生防疫。第二是木兰汤，要在兰花的温泉里面洗浴，后来就演变成沐浴了。第三就是饮酒，第一种是菖蒲酒。第二种就是饮雄黄酒，第三种酒是朱砂酒，我们都是抿一抿。然后就是采茶，做成各式各样凉茶，一种凉茶针对一种病，它不是为了治病而是为了防病。5、6、7三月份是暑热的季节，我们中国还有一种冬病夏治，夏病冬治的办法。还有贴五毒图、挂艾草、糊算、夺五、蘸一点雄黄酒在额头画一个“王”字等等，所以这些都是传统文化。此外，还有挂长命缕等等。

如今为什么说过节的概念淡化了呢，是因为很多人还不了解我们的节日，如果他了解了我们的端午节，那么他一定不会淡化。

我们现在都会说我们是龙的子孙，那么你的纪念和你的仪式在哪里呢？比如说我们现在是划龙舟，划龙舟代表我们是龙的子孙。现在包粽子是给人吃的，过去是给蛟龙吃的，是我们祭祀祖先的一个方式，过这种端午节本身就有回味祖先的意思。

中国传统节日蕴涵着深厚民族文化精髓。

过去相当长的历史时期，我们有过对于传统节日的淡漠，以至于中国文化传统在西方文化的冲击下，传统节日的文化内涵变得越来

粽子

美味粽子

越稀释,越来越多的年轻人逐渐远离传统节庆活动,关心中国传统节日的青少年越来越少,知道这些节日与内涵的渊源和来由的也不多。

传统的节日文化是一个民族共同创造、共同享受的民俗文化,有助于形成一个民族强大的凝聚力,其中所蕴涵的审美情感和趣味,它的精神影响力是巨大的。中国人之所以为中国人就是因为有这些东西来包装着我们,包括端午文化在内的中国民俗文化倘若被遗弃了,那我们也就算不上一个完整的中国人。

端午节之所以在中国成为民俗大节并延续千年,就与其厚重的历史文化内涵有直接关系。端午节在起源时主要是避瘟保健、水上祭祀活动等,随着历史的推移,人们逐渐在端午节日中加注纪念爱国先贤的内涵。

自汉朝以来，各地端午纪念的历史人物不尽相同，楚地纪念屈原，越地纪念勾践、曹娥，吴地纪念伍子胥等，他们都有地方传说作为依据，也就是地方文化情感需要有这些先贤作为投射对象。但在历史长河的淘洗中，广大中国人最终选择了屈原，屈原由地方先贤上升为祖国先贤，甚至是世界名人，屈原成为端午节期间被祭祀的重要的爱乡爱国人物。

屈原在端午祭祀中的脱颖而出，是中国历史文化的选择，忧国忧民的人道情怀、忠诚故国的高尚品质、纯美无瑕的人格魅力，让屈原光耀千载。

中华民族在其悠久的历史长河中，创造出灿烂辉煌的传统文化，这是中华民族立于世界民族之林的重要标志。作为传统文化的重要组成部分的传统节日，是增强中华民族凝聚力的重要法宝。我国传统节日中蕴涵着丰富的人文精神，要大力挖掘和弘扬。

迷你知识卡

祭 祀

华夏礼典的一部分，更是儒教礼仪中最重要的部分，礼有五经，莫重于祭，是以事神致福。

祭祀对象分为三类：天神、地祇、人鬼。天神称祀，地祇称祭，宗庙称享。

图书在版编目(CIP)数据

端午节 / 于淼编著. -- 长春 : 吉林出版集团股份有限公司, 2014.7

(争奇斗艳的世界非物质文化遗产 : 彩图版 / 沈丽颖主编)

ISBN 978-7-5534-5059-9

Ⅰ. ①端… Ⅱ. ①于… Ⅲ. ①端午节—介绍—中国
Ⅳ. ①K892.18

中国版本图书馆CIP数据核字(2014)第152345号

争奇斗艳的世界非物质文化遗产(彩图版)
端午节

作　　者 于　淼
出 版 人 吴　强
责任编辑 陈佩雄
开　　本 710mm × 1 000mm　1/16
字　　数 150 千字
印　　张 10
版　　次 2014 年 7 月第 1 版
印　　次 2023 年 4 月第 4 次印刷
出　　版 吉林出版集团股份有限公司
发　　行 吉林音像出版社有限责任公司
　　　　 吉林北方卡通漫画有限责任公司
地　　址 长春市福祉大路 5788 号
发　　行 0431-81629667
印　　刷 鸿鹄（唐山）印务有限公司
ISBN 978-7-5534-5059-9　定价：45.00 元